**Koslowski • Kindergarten und Grundschule
auf dem Weg zur Intensivkooperation**

Constanze Koslowski

Kindergarten und Grundschule auf dem Weg zur Intensivkooperation

Constanze Koslowski, Dr. phil., seit 2008 Mitarbeiterin im ZNL TransferZentrum für Neurowissenschaften und Lernen, Universität Ulm, Forschungsprojekt »Wissenschaftliche Begleitung des Modellprojekts ›Bildungshaus 3–10‹«.

GEFÖRDERT VOM

Das diesem Buch zugrunde liegende Vorhaben »Wissenschaftliche Begleitung des Modellprojekts ›Bildungshaus 3–10‹« wird mit Mitteln des Bundesministeriums für Bildung und Forschung und des Europäischen Sozialfonds der Europäischen Union unter dem Förderkennzeichen 01NVB85031 gefördert.
Der Europäische Sozialfonds ist das zentrale arbeitsmarktpolitische Förderinstrument der Europäischen Union. Er leistet einen Beitrag zur Entwicklung der Beschäftigung durch Förderung der Beschäftigungsfähigkeit, des Unternehmergeistes, der Anpassungsfähigkeit sowie der Chancengleichheit und der Investition in die Humanressourcen. Die Verantwortung für den Inhalt dieser Veröffentlichung liegt bei der Autorin.

Veröffentlichung in Kooperation mit dem Ministerium für Kultus, Jugend und Sport des Landes Baden-Württemberg.

Dieses Buch ist auch als E-Book erhältlich
(ISBN 978-3-407-29288-9).

© 2015 Beltz Verlag · Weinheim und Basel
www.beltz.de

Lektorat: Heike Gras
Herstellung und Satz: Michael Matl
Druck und Bindung: Beltz Bad Langensalza GmbH, Bad Langensalza
Innenillustrationen: Oliver Melzer
Umschlagabbildung: © Michael Layefsky, getty images
Reihengestaltung: glas ag, Seeheim-Jugenheim
Umschlaggestaltung: Michael Matl
Printed in Germany

ISBN 978-3-407-62955-5

Inhalt

0 Vorwort

Die Idee klang gut. Alle, mit denen wir sprachen, waren sich einig: Lehrkräfte aus den Grundschulen, Fachkräfte aus dem Kindergarten, Eltern, Kultusministerielle, Trägervertreter. Eine stärkere Verzahnung, eine Intensivkooperation zwischen Kindergarten und Grundschule macht Sinn. Aber dass das Zusammenbringen der beiden Institutionen alle Beteiligten vor solche Herausforderungen stellen würde, hatten wir am Anfang unserer Gespräche 2005 nicht vorausgesehen.

Die Kopplung des amerikanischen Apollo-Raumschiffs und des sowjetischen Raumschiff Sojus 1975 kann kaum schwieriger gewesen sein, so schien es uns. Womöglich hatten sie ähnliche Probleme wie die Einrichtungen der baden-württembergischen Bildungshäuser 3–10, die wir, das ZNL TransferZentrum für Neurowissenschaften und Lernen, Ulm, bei der Intensivkooperation begleiteten. Wie die beiden Raumschiffe waren auch Kindergarten und Grundschule jeweils in sich stimmige Systeme. Innerhalb des eigenen Systems war alles bestens aufeinander abgestimmt. Aber um zusammenzupassen, mussten sich beide Systeme verändern. Doch jede Änderung hat vielfältige und weitreichende Auswirkungen auf das eigene größere System. Gerade das machte es schwierig. Sich ein Kooperationssystem von Grund auf auszudenken ist einfacher, als zwei erfolgreich funktionierende Systeme miteinander zu verbinden. Eine grundlegende Neukonzeption war aber keine Option, weder bei den Bildungseinrichtungen noch im Weltraum.

Natürlich hätten die Russen damals sagen können, das eigene Raumschiff bleibe so, wie es ist. Oder die Amerikaner hätten die Andockvoraussetzungen vorgeben können. So aber wäre kein gelingender Kooperationsverbund zustande gekommen.

Auch bei der Kooperation von Kindergarten und Grundschule hätte das eine oder andere System beanspruchen können, die Richtung vorzugeben. Dies war aber auch hier weder sinnvoll noch praktikabel, geschweige denn akzeptabel. Für eine Intensivkooperation mussten sich beide Systeme, Kindergarten und Grundschule, verändern. Dieser Prozess wurde von einem Dritten, dem ZNL, moderiert. Wir begleiteten über 30 solcher Kooperationsverbünde auf ihrem Weg zur Intensivkooperation. Es zeigte sich, dass in allen Verbünden eine gewisse Anzahl Themen für eine erfolgreiche Intensivkooperation bearbeitet werden musste.

In der Phase der Annäherung stand am Anfang immer die Frage: »Wollen wir das wirklich?«

Wer dieser Frage und der anschließenden ernsthaften Diskussion zwischen den Beteiligten keinen Raum gibt, tut sich keinen Gefallen. Der Weg zu einer Zusammenarbeit verschiedener Systeme ist steinig. Wer bei unvorhersehbaren Schwierigkeiten und Rückschlägen immer wieder auch die Grundsatzfrage diskutieren muss (»Habe ich doch gleich gesagt, dass das nicht geht/das bringt nichts/das ist der falsche Weg!«), kommt nicht voran. Wer allerdings verbindlich geklärt hat, dass sich die Organisation auf den Weg zu einer Intensivkooperation machen will, in guten wie in schlechten Zeiten, hat ein wichtiges Fundament für den anstehenden Veränderungsprozess geschaffen.

An dieses erste Thema reihen sich in diesem Buch neun weitere: Sie beziehen sich auf Themen, die von der Verständigung über die eigenen Voraussetzungen und Rahmenbedingungen über die Entwicklung eigener Wege, die Ausgestaltung der Kooperation bis hin zur Reflexion des Geleisteten, reichen. All diese Themen wurden in den baden-württembergischen Bildungshäusern diskutiert, wenngleich nicht in allen und nicht in derselben Reihenfolge. Aber auf dem Weg zur Intensivkooperation tauchten diese Themen garantiert irgendwo auf. An manchen Stellen wurden vielleicht auch Themen vergessen oder übersprungen. Es zeigte sich dann, dass sie durch die Hintertür wieder hereinkamen. Das wissen wir heute. Aber woher hätten wir und die Bildungshäuser das damals wissen sollen?

Es entstanden in den baden-württembergischen Bildungshäusern erfolgreiche Intensivkooperationen, in denen z. B. Kindergartenkinder an den Aktivitäten in der Schulkindergruppe teilnehmen durften und in denen die Lehr- und Fachkräfte beider Institutionen vom Austausch profitierten.

Wenn wir heute noch einmal anfangen sollten, wüssten wir viel besser, wie es geht. Wir würden auf die Abarbeitung bestimmter Themen und die Einhaltung bestimmter Schritte achten. Wir könnten dazu auf Erfahrungen und Materialien zurückgreifen.

Wenn wir heute noch mal anfangen würden, wäre der Weg nun geradliniger, sicherer und einfacher. Ausgerüstet mit den Erfahrungen der ersten Verbünde und mit diesem Buch sollte es für die nachfolgenden Einrichtungen einfacher werden, intensiv zu kooperieren. Denn die Idee ist gut.

Alle, mit denen wir sprechen, sind sich einig: Lehrkräfte aus den Grundschulen, Fachkräfte aus den Kindergärten, Eltern, Kultusministerielle, Trägervertreter. Eine stärkere Verzahnung, eine Intensivkooperation von Kindergarten und Grundschule macht *Sinn*.

Ulm, im November 2014

Dr. Katrin Hille
Geschäftsführende Gesamtleitung des ZNL
TransferZentrum für Neurowissenschaften und Lernen, Universität Ulm

1 Einleitung

Es gibt viele gute Argumente dafür, die Zusammenarbeit von Kindergarten und Grundschule zu intensivieren. Gewinn wird erwartet für die Entwicklung der Kinder, für die gegenseitige Bereicherung der Lehr- und Fachkräfte, für das Vertrauen der Eltern in die aufmerksame Begleitung ihrer Kinder im Übergang in die Schule und nicht zuletzt für die Gesellschaft insgesamt (BMFSFJ 2003; Faust et al. 2004; Hacker 2004; Carle/Samuel 2007; Wenzel/Koeppel/Carle 2009; Strätz 2010). Erzieher/innen und Lehrer/innen müssen davon längst nicht mehr überzeugt werden, sie wollen umfassender und nachhaltiger kooperieren und formulieren deutlich, worin für sie der Sinn und Zweck intensivierter Kooperation zwischen Kindergarten und Grundschule liegen. Ihnen liegt daran, die Verantwortung für die Kinder gemeinsam zu tragen und sie nicht von Einrichtungsgrenzen abhängig zu machen. Längst besteht deshalb vielerorts, sowohl im Elementar- als auch im Primarbereich, allerhöchstes Interesse daran, sich aufzumachen, bestehende Kooperationsformen in Richtung Intensivkooperation weiterzuentwickeln. Dazu gehört, den Kontakt zwischen Lehr- und Fachkräften und von Kindergarten- und Schulkindern nicht punktuell, sondern regelmäßig und verlässlich in den Alltag einzubeziehen. Das heißt: Kinder unterschiedlichen Alters aus beiden Institutionen erhalten Gelegenheit, zu festen Zeiten der Woche miteinander zu spielen und zu lernen. So können sie über Einrichtungsgrenzen hinweg alte Freundschaften pflegen und neue schließen. Dabei werden die Kinder sowohl von Erwachsenen der eigenen Einrichtung begleitet als auch von Erwachsenen, die zur ehemaligen oder zukünftigen Einrichtung gehören. Sie alle haben gemeinsam mit Interesse an der Entwicklung des Kindes teil. Ihre fachlichen Bemühungen gelten dem Ziel, Anschlussfähigkeit der Institutionen herzustellen und Brüche in der Bildungsbiografie der Kinder zu vermeiden.

Bis allerdings die Intensivkooperation wirklich einen sicheren Platz im Alltag von Kindergarten und Schule einnimmt, müssen viele Schritte gemacht werden, um dieses erstrebenswerte Ziel zu erreichen. Wie stets, wenn es darum geht, sich auf einen Weg zu machen, braucht es Reisevorbereitungen. Es ist sinnvoll, gut vorauszudenken und vorauszuplanen und die Planung mit allen Beteiligten abzustimmen: Was benötigt man für den Weg? Welche Probleme oder Zwischenfälle könnten möglicherweise auftreten? Wie könnte man sich, schon bevor man aufbricht, vorausschauend darauf vorbereiten, um sich angemessen verhalten zu können?

Wichtig ist somit, zunächst zu antizipieren, was einem unterwegs widerfahren könnte, worauf man achten muss, wo ggf. Gefahren lauern können und wie man sich das Ziel, das man erreichen möchte, an dem man aber noch nie war, vorstellt. Und es geht darum, sich selbst, die eigenen Möglichkeiten und Grenzen vorab einzuschätzen, nehmen doch das eigene Vermögen und die eigenen Grenzen Einfluss darauf, auf welchem Weg man die Reise zum Ziel machen will.

Im Alltagsleben nutzen Menschen, die vor diesen Fragen und Überlegungen stehen, häufig Erfahrungsberichte anderer, die bereits aus der eigenen Anschauung und dem eigenem Erleben heraus kennen, was einem selbst noch unbekannt ist. Man fragt herum, erkundigt sich, hört auf das, was über den gewählten Reiseweg und das Ziel berichtet wird. Man überlegt daraufhin, was die Erfahrungen der anderen für die eigene Reiseplanung bedeuten könnten. Man zieht Schlussfolgerungen und richtet sich schließlich ganz persönlich auf den Weg und das Ziel ein. Dann, so empfinden viele, ist man gut gerüstet und dem Aufbruch in unbekanntes Terrain steht nichts mehr entgegen.

Angelehnt an das Bild einer Reise kann auch der Aufbruch von Lehr- und Fachkräften des Elementar- und Primarbereiches hin zur Intensivkooperation als Weg in weitgehend unbekanntes Terrain betrachtet werden. Es gibt Vorstellungen über Sinn und Zweck, über den Weg und das Ziel, das erreicht werden soll. Dennoch bleiben die Fragen: Was gehört ins Gepäck? Welches Wissen ist notwendig, was ist möglichst schon im Vorfeld einzuschätzen und mitzudenken? Insofern ist es auch in diesem Fall sinnvoll, dem Bild zu folgen und vor dem Aufbruch Erfahrungsberichte einzuholen, die Hilfestellung geben bei der Beantwortung dieser Fragen.

Wahre Pioniere auf dem Feld der Intensivkooperation zwischen Kindergarten und Grundschule sind in besonderer Weise jene Lehr- und Fachkräfteteams aus Grundschule und Kindergarten, die sich im Modellprojekt »Bildungshaus 3–10« in Baden-Württemberg schon im Jahr 2007 bzw. 2008 auf den Weg gemacht haben (www.znl-bildungshaus. de). Die Teams arbeiteten seither daran, gemeinsam neue Formen pädagogischer Angebote für altersgemischte Kindergruppen aus beiden Einrichtungen zu entwickeln und sie in den Schul- und Kindergartenalltag einzufügen. Sie verpflichteten sich zu einem regelmäßigen fachlichen Austausch und bauten vielschichtige Kooperationsstrukturen auf, um Durchlässigkeit und Anschlussfähigkeit der Institutionen nachhaltig zu sichern. Ihre Innovationsbereitschaft und ihr Engagement können nicht genug hervorgehoben werden, wenn es darum geht, anderen Lehr- und Fachkräfteteams Hinweise zu geben für den Aufbauprozess einer derartig angelegten Intensivkooperation.

Das Modellprojekt »Bildungshaus 3–10« wurde auf dem Weg zu intensiver Kooperation von einer Forschungsgruppe innerhalb des ZNL TransferZentrums für Neurowissenschaften und Lernen in Ulm wissenschaftlich begleitet. Das heißt, dass sehr intensiv und kontinuierlich von Wissenschaftler/innen mitverfolgt und dokumentiert wurde, was sich auf dem Weg der Zusammenarbeit der Bildungshäuser abspielte und was für die jeweiligen Akteure in der Praxis wirklich wichtig war. Zu den Teams in den Bildungshäusern bestand dabei stets ein enger Kontakt, der einen lebendigen Dialog ermöglichte.

Es ergaben sich detaillierte Einblicke in die Prozesse intensiver Kooperation. Die dazugehörigen Dokumentationen wurden wissenschaftlich ausgewertet, was eine Fülle fundierter Erfahrungswerte einbrachte. Dabei zeichnen sich die erarbeiteten Erkenntnisse insbesondere dadurch aus, dass die Vielfalt und die Besonderheiten, d. h. die unterschiedlichen Ausgangslagen der Kooperierenden mitbedacht und einbezogen wurden. Darauf hat die weitere wissenschaftliche Auseinandersetzung mit dem Thema Intensivkooperation zwischen Grundschule und Kindergarten aufgebaut, die nun ermöglicht, jene Aspekte zu benennen, die beim Aufbau bedacht werden müssen. Sie stellen für alle, die sich ebenfalls auf den Weg machen wollen, eine Intensivkooperation zu erreichen, ein fundiertes Hilfsmittel dar.

Im Folgenden sollen die ausgewerteten Erfahrungen der Pioniere intensiver Kooperation aus dem Modellprojekt »Bildungshaus 3–10« dargestellt werden, und diese können als Grundlage für die Überlegungen anderer dienen, die ihre bisherigen Kooperationsformen dauerhaft intensivieren wollen. Dem liegen die Erkenntnisse der wissenschaftlichen Begleitung im Bildungshausprojekt zugrunde.

Hinweise zum Aufbau dieser Handreichung

Den Einstieg in die hier vorliegende Handreichung bildet eine kurze Vorstellung des Modellprojektes »Bildungshaus 3–10« in Baden-Württemberg. Die wichtigsten Ziele, der Aufbau des Forschungsprojekts und der wissenschaftlichen Begleitung werden dargelegt. Im Fokus wird daraufhin die Prozessbegleitung als eigenständiger Teil der Forschung im Bildungshausprojekt stehen. Der wissenschaftliche Umgang mit der dazugehörigen Prozessdokumentation und ihre Auswertung werden kurz skizziert. Daran soll deutlich werden, wie die Ergebnisse prozessbegleitender Arbeit zustande kamen.

Da im Bildungshausprojekt Kooperation als Schlüsselthema im Fokus stand, konnten aus den Erfahrungen und wissenschaftlich erarbeiteten Ergebnissen 10 zentrale Themen herausgearbeitet, die für die Umsetzung der Intensivkooperation relevant sind. Sie ordnen die für den Aufbau einer Intensivkooperation notwendigen Schritte und verknüpfen jeweils Bildungshauserfahrungen mit einer thematischen Auseinandersetzung. Dies geschieht über die Frage: Welche Herausforderungen und Aufträge ergeben sich für die Gestaltung eines individuellen Weges hin zu intensivierter Kooperation zwischen Kindergarten und Grundschule? Die Antworten ergeben relevante Impulse für die Praxis.

Jedem der 10 zentralen Themen ist ein Themenblatt zugeordnet, das wichtige Empfehlungen für die Praxis zusammenfasst und als Orientierung für das Vorgehen kooperierender Teams zu verstehen ist. Zudem wurden drei kompakte Querschnittsthemenblätter erstellt, die jene übergeordneten Themen sichtbar machen, die den gesamten Entwicklungsweg wie rote Fäden durchziehen und stets zu berücksichtigen sind.

Wichtig war es uns dabei, die Themenblätter nicht mit schier endlosen Checklisten zu überfrachten, sondern Anregungen zu geben, die Lehr- und Fachkräfte aus Kindergärten und Schulen zum Aufbruch in die Fortentwicklung der Kooperation einladen. Nicht zuletzt beruht dieses Vorgehen auf der Erfahrung aus der wissenschaftlichen Begleitung des Bildungshausprojekts, dass Erzieher/innen wie Lehrer/innen ohnehin von einer großen Leidenschaft für ihren Beruf erfüllt sind und dementsprechend auch für das Thema intensiver Kooperation zwischen Kindergarten und Grundschule.

Im Anhang dieses Buchs finden sich schließlich die herausgearbeiteten Themen und ihre Aufbereitung als kopierbare Themenblätter/Kooperation und Querschnittsthemenblätter wieder. Sie sind in der Praxis verwendbar zur allgemeinen Unterstützung, Qualitätsentwicklung und Reflexion des Praxisfeldes für den Bereich der intensiven Kooperation zwischen Kindergarten und Grundschule.

2 Intensivkooperation am Beispiel des Modellprojekts »Bildungshaus 3–10« in Baden-Württemberg

2.1 Kooperation als Schlüssel gelingender Übergangsbegleitung

> »Kooperation ist der Versuch von Menschen, Einzelkräfte so zu verbinden und zu verbünden, dass sich für alle Beteiligten ein Vorteil daraus ergibt und etwas erreicht wird, das keiner der Beteiligten allein zu Stande bringen könnte«   (Fengler 1996, S. 9).

Kooperation: Bei den meisten Menschen tauchen bei diesem Begriff Assoziationen auf wie:

- Gemeinsam statt einsam
- Sich gegenseitig stärken
- Zusammen sind wir stark
- Viele Köpfe, viele Ideen

So unterschiedlich die Definitionen des Begriffs Kooperation, die man aus solchen Aussagen herauslesen kann oder die man in der einschlägigen Literatur findet, auch sein mögen (z. B. Van Santen/Seckinger 2003), es lassen sich doch grundlegende Gemeinsamkeiten erkennen. Der Kooperationsbegriff wird mit den folgenden Zielen assoziiert:

- organisiertes Zusammenwirken
- gemeinsames Grundverständnis bzgl. Sinn und Ziel der Zusammenarbeit
- gemeinsame Entscheidungen
- gemeinsamer Nutzen
- Optimierung von Handlungsabläufen
- gleichberechtigt organisierte Zusammenarbeit
- Aufteilung von Zuständigkeiten und Verantwortlichkeiten
- Erhöhung von Handlungs- bzw. Problemlösekompetenz

Offensichtlich steht hinter diesen Assoziationen, ganz gleich ob sie aus einem allgemeinem Alltagsverständnis oder einer eher theoretischen Auseinandersetzung entspringen, dass Kooperation neue Chancen und positive Erträge ermöglichen kann. Das besticht und erklärt den grundsätzlich guten Ruf von Kooperation. Ein positives Ergebnis erzielen zu können, ist aber nur *ein* Aspekt von Kooperation. Sicher wird die Bereitschaft, sich auf eine Kooperation einzulassen, im Wesentlichen aus diesem Aspekt gespeist, jedoch ist der Erfolg nicht per se garantiert. Der Erfolg wird vielmehr bestimmt durch den Weg und die kompetente Gestaltung des Kooperationsprozesses.

Dies wird durch die Erfahrungen aus dem Projekt »Bildungshaus 3–10« bestätigt. Die Gestaltung der Kooperationsprozesse zwischen Kindergarten/Kindergärten und Grundschule selbst ist maßgeblich für ein gutes Ergebnis. Nicht zuletzt, da hier Vertreter zweier Professionen beteiligt sind, die aus unterschiedlichen Systemen kommen und sich daher in ihrem professionellen Verständnis und ihrer Arbeitsweise unterscheiden (Drexl et al. 2012).

Die Einsichten aus der Begleitung der Kooperationsarbeit im Bildungshausprojekt durch das Forscherteam des ZNL TransferZentrums für Neurowissenschaften und Lernen können folgendermaßen umrissen werden:

- Kooperation, so attraktiv sie auch erscheint, stellt überaus anspruchsvolle Anforderungen an interdisziplinäre Teams, die keineswegs mit leichter Hand und ohne Hindernisse, Stolperfallen und schließlich mit garantiertem Erfolg zu bewältigen sind.
- Kooperierende Teams bedürfen eines differenzierten Verständnisses bzgl. der Komplexität von Kooperationsprozessen, die durch die Dynamik ineinandergreifender Einflüsse verursacht wird.
- Das Wissen um die Komplexität von Kooperationsprozessen kann dazu verhelfen, Konflikten entgegenzuwirken bzw. diesen als Team selbstwirksam zu begegnen. Destruktive Verläufe lassen sich bereits im Ansatz leichter erkennen und eher abwenden oder auflösen.
- Gelingende Kooperation kann vor allem durch ein tieferes Verständnis für die aufgabenimmanenten Herausforderungen gezielt gestützt werden.

2.2 Das Modellprojekt »Bildungshaus 3–10« in Baden-Württemberg

Die Chance, Kooperationsprozesse zwischen Kindergarten und Grundschule eng zu begleiten und dazu tiefere Einsichten zu erhalten, ergab sich, als mit Beginn des Schuljahres 2007/08 in Baden-Württemberg das Modellprojekt »Bildungshaus 3–10« startete. Das Modellprojekt des Landes Baden-Württemberg strebte an, ein innovatives gemeinsames Bildungsangebot für Kindergarten- und Grundschulkinder zu entwickeln, das im Schul- und Kindergartenalltag inhaltlich und organisatorisch neue Akzente setzt.

32 Modellstandorte in Baden-Württemberg, jeweils bestehend aus einer Grundschule und einem oder mehreren Kindergärten, machten sich im Rahmen dieses Bildungsforschungsprojekts auf, eine neue Dimension von Kooperation zwischen Elementar- und Primarbereich zu entwickeln, und wurden dabei über vier Jahre intensiv wissenschaftlich begleitet. Sie folgten den Rahmenvorgaben des Kultusministeriums, die für

alle gültig waren, jedoch stets auf die spezifischen Bedingungen der einzelnen Standorte übersetzt werden mussten.

Entsprechend diesen vom Land Baden-Württemberg gesetzten Rahmenvorgaben wurden an den Modellstandorten institutions- und jahrgangsübergreifende Spiel- und Lernangebote erarbeitet und regelmäßig umgesetzt (Engemann 2011, S. 3–8). Die Basis dafür bildeten der Orientierungsplan für Bildung und Erziehung in baden-württembergischen Kindergärten und weiteren Kindertageseinrichtungen (Ministerium für Kultus, Jugend und Sport Baden-Württemberg 2006) sowie der Bildungsplan Grundschule in Baden-Württemberg (Ministerium für Kultus, Jugend und Sport Baden-Württemberg 2004). Die wissenschaftliche Begleitung des Modellprojekts »Bildungshaus 3–10« wurde vom Bundesministerium für Bildung und Forschung finanziert, das den Auftrag an das ZNL TransferZentrum für Neurowissenschaften und Lernen in Ulm vergab.

Das Landesmodell »Bildungshaus 3–10« war zunächst auf eine Laufzeit von sieben Jahren (2007–2014) angelegt worden, wurde aber nach Ablauf dieser Zeit vonseiten des Kultusministeriums in Baden-Württemberg um ein weiteres Jahr bis zum Sommer 2015 verlängert.

Die folgende Abbildung 1 zeigt die Rahmenvorgaben für die pädagogische Arbeit in den Bildungshäusern im Überblick (s. Engemann 2011).

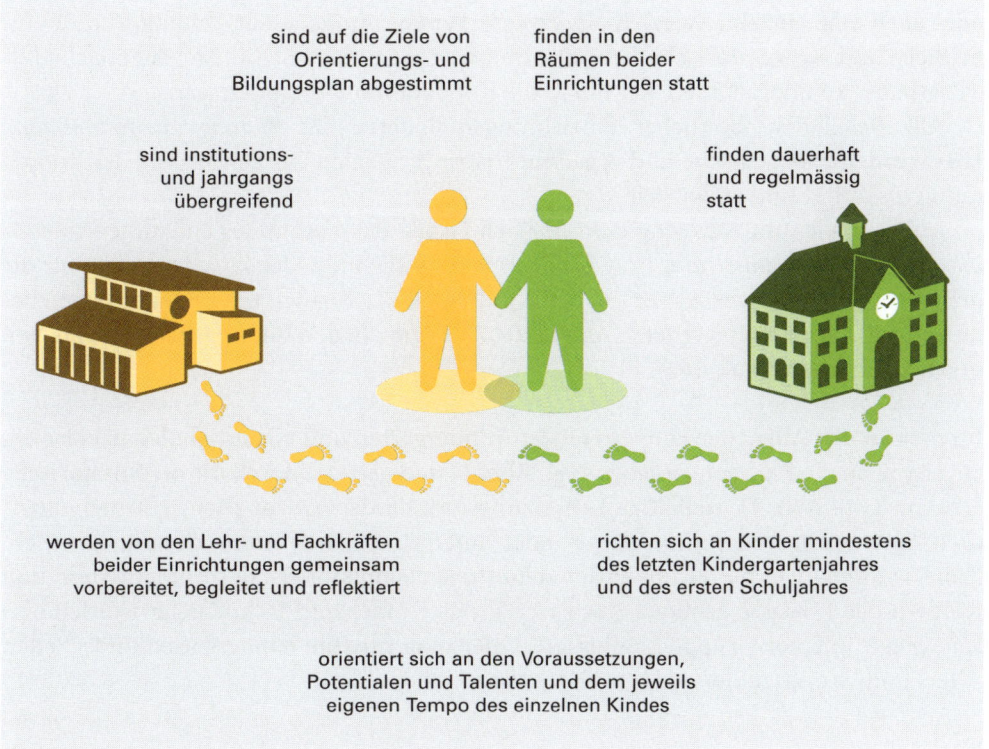

Abb. 1: Rahmenvorgaben Bildungshausaktivitäten

Obwohl jeder der Modellstandorte als pädagogischer Verbund seine Arbeit auf den individuellen Bedingungen, z. B. Größe des Verbundes, Größe der Einrichtungen, sozialräumliche Umgebung, Entfernungen zwischen den Einrichtungen, unterschiedliche Trägerschaften, aufbaute, hatten alle eine ähnliche inhaltliche Zielsetzung. Grundschulen und Kindergärten, d. h. Erzieher/innen und Lehrer/innen arbeiteten daran, eine organisatorische Struktur intensiver Zusammenarbeit im Bereich der Schnittstelle »Bildungshaus 3–10« zu schaffen: Es sollten für altersheterogene Gruppen, bestehend aus Kindern beider Einrichtungen, Orte des gemeinsamen Spielens und Lernens geschaffen werden.

2.3 Organisatorische Strukturen in den Modellstandorten des Projekts

Der Name »Bildungshaus 3–10« steht für einen Kooperationsverbund, der aus einer Grundschule und einem oder mehreren Kindergärten gebildet wurde.

Die *Leitung* des Verbundes setzte sich üblicherweise aus den Leitungspersonen der beteiligten Einrichtungen zusammen. Sie bildeten eine Doppelspitze bzw. »Mehrfachspitze«, wenn mehrere Kindergärten beteiligt waren. Verschiedene Standorte setzten passend zu den Rahmenbedingungen der beteiligten Institutionen auch besondere Konstruktionen von Leitung ein, z. B. eine Steuergruppe mit interinstitutioneller Besetzung oder auch eine einzelne, speziell autorisierte Person. Aufgabe der Leitung war, die inhaltliche und organisatorische Gesamtverantwortung für den Schnittstellenbereich »Bildungshaus« zu übernehmen, der durch die Kooperation entstanden war.

Alle Beteiligten sämtlicher Einrichtungen bildeten das *Bildungshausgesamtteam*. Hier wurden pädagogische und organisatorische Strategien zur Umsetzung der Kooperation diskutiert und entwickelt.

Aus dem Gesamtteam ging dann je nach Größe des Verbundes eine unterschiedliche Anzahl von *Kleinstteams bzw. Tandems* hervor, die im pädagogischen Alltag für die praktische pädagogische Arbeit mit den Kindern verantwortlich waren. Jede Systemebene war mit den anderen vernetzt. Abbildung 2 zeigt die in den Bildungshäusern üblichen organisatorischen Strukturen.

Im praktischen Alltag der kooperierenden Kindergärten und Grundschulen haben sich, angelehnt an die Rahmenvorgaben (vgl. Abb. 1) und gestützt durch die organisatorische Struktur (vgl. Abb. 2), vielfältige Umsetzungsformen der pädagogischen Arbeit entwickelt. Stets beinhalteten diese, dass Kinder unterschiedlichen Alters zusammenkamen. Dabei wurden nicht nur Gruppen aus zukünftigen Schulkindern des Kindergartens und Kindern der 1. Klasse gebildet. Auch vierjährige Kinder und Drittklässler wurden beispielsweise in einer Gruppe kombiniert. Oder man mischte Kindergartenkinder jeden Alters und Grundschüler der 1. und 2. Klasse.

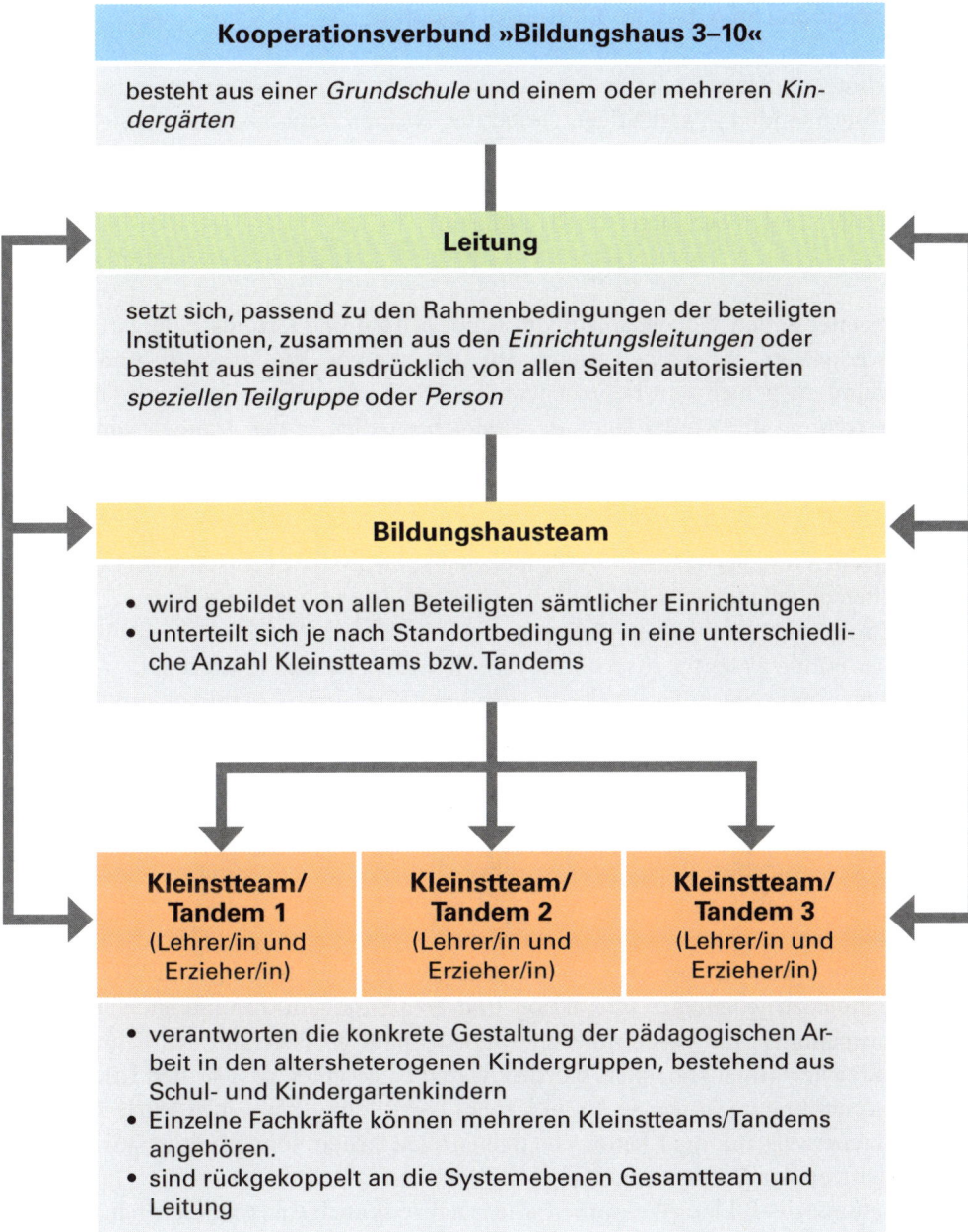

Kooperationsverbund »Bildungshaus 3–10«

besteht aus einer *Grundschule* und einem oder mehreren *Kindergärten*

Leitung

setzt sich, passend zu den Rahmenbedingungen der beteiligten Institutionen, zusammen aus den *Einrichtungsleitungen* oder besteht aus einer ausdrücklich von allen Seiten autorisierten *speziellen Teilgruppe* oder *Person*

Bildungshausteam

- wird gebildet von allen Beteiligten sämtlicher Einrichtungen
- unterteilt sich je nach Standortbedingung in eine unterschiedliche Anzahl Kleinstteams bzw. Tandems

Kleinstteam/ Tandem 1 (Lehrer/in und Erzieher/in)	**Kleinstteam/ Tandem 2** (Lehrer/in und Erzieher/in)	**Kleinstteam/ Tandem 3** (Lehrer/in und Erzieher/in)

- verantworten die konkrete Gestaltung der pädagogischen Arbeit in den altersheterogenen Kindergruppen, bestehend aus Schul- und Kindergartenkindern
- Einzelne Fachkräfte können mehreren Kleinstteams/Tandems angehören.
- sind rückgekoppelt an die Systemebenen Gesamtteam und Leitung

Abb. 2: Organisatorische Struktur in den Bildungshäusern

2.4 Pädagogische Arbeit im Bildungshausalltag

Die angebotenen Aktivitäten für die stets altersgemischten Kindergruppen in den Bildungshäusern fanden in vielfältigen Gestaltungsformen statt. Sie richteten sich jeweils auf das gewählte Thema der Aktivität aus und berücksichtigten die unterschiedlichen Gruppenzusammensetzungen, die verschiedenen Rahmenbedingungen und zeitlichen Möglichkeiten in den beteiligten Einrichtungen.

Beispiele
- Eingebettet in den Wochenablauf von Kindergarten und Grundschule, fanden Themenwerkstätten mit offenen Angeboten statt, die von Kindergarten- und Grundschulkindern gemeinsam besucht wurden. Die Vorbereitung der Werkstätten und die Betreuung der Kinder lagen dabei gleichermaßen in den Händen von Lehrer/innen und Erzieher/innen. Die Themen der Werkstätten wurden in Übereinstimmung mit den Vorgaben aus Bildungs- und Orientierungsplan entwickelt und so aufbereitet, dass sie der Heterogenität der Kindergruppe, d. h. den unterschiedlichen Fähigkeiten und Fertigkeiten der Kinder, gerecht wurden. Es entstand ein Lernraum, der altersunabhängige, individuell angemessene Anregungen bereithielt.
- Im Zuge dieser praktischen pädagogischen Arbeit wurden in vielen der Bildungshausverbünde Patenschaftssysteme zwischen den Kindern aufgebaut, sodass die Kindergartenkinder weit vor der Einschulung Kontakte zu Schulkindern aufbauen konnten. Sie lernten zudem zukünftige Lehrer/innen kennen, und die Kinder konnten mit den Räumlichkeiten und Regeln der Schule vertraut werden. Die Schulkinder sahen ihre Bezugspersonen aus der Kindergartenzeit wieder und halfen Kleineren, sich in der Schule zurechtzufinden. Die Bildungshausarbeit trug durch das Angebot dieses außergewöhnlichen sozialen Lernraums zum Gewinn aller Kinder bei.
- An festgelegten Tagen der Woche trafen sich Kindergarten- und Grundschulkinder regelmäßig, um sich gezielt mit vorbereiteten Aufgabenstellungen zu befassen, die die Kinder zu lebendiger Interaktion und gemeinsamem Tun anregten. Die Aufgabenstellungen, die wiederum von Tandems bzw. Kleinstteams aus Lehrer/innen und Erzieher/innen konzipiert wurden, waren so gestaltet, dass sie den Kindern die Chance eröffneten, voneinander zu lernen. Die Bildungshausarbeit lehrte übrigens, dass keineswegs nur die Kleinen von den Großen lernen, sondern durchaus auch die Großen von den Kleinen (cross-age teaching).
- Im Rahmen der Bildungshausarbeit wurde teilweise auch eine große Vielfalt AG-ähnlicher Gruppenaktivitäten angeboten, die thematisch an Bereiche aus dem Bildungs- und dem Orientierungsplan gebunden waren, z. B. Musik, Kunst, Bewegung und Sport, Ernährung, Experimentieren, Natur, Gesundheit u. a. m. Die regelmäßigen Aktivitäten waren dabei zeitlich in den Alltag beider beteiligten Institutionen eingebunden. Ausgeklügelte Systeme ermöglichten den Kindergarten- und Schulkindern, zu wählen und in festgelegten Takten übers Jahr an verschiedenen Angeboten teilzunehmen. Die Gruppen setzten sich wiederum stets aus Schul- und Kindergar-

tenkindern zusammen und wurden von Tandems bzw. Kleinteams aus Fach- und Lehrkräften betreut.

- Weitere Formen der Begegnung zwischen Kindern unterschiedlichen Alters aus Kindergarten und Grundschule etablierten sich in einigen Modellstandorten. So lasen z. B. Dritt- oder Viertklässler den Kindergartenkindern vor oder präsentierten im Kindergarten Ergebnisse, die im Rahmen des regulären Unterrichtes erarbeitet worden waren. Zukünftige Schulkinder erlebten Klassenunterricht, der selbstredend auf ihren Besuch in der Klasse ausgerichtet wurde. Wenn Schulkinder den Kindergarten besuchten und z. B. zusammen mit den Kindergartenkindern in der Bauecke Brücken konstruieren sollten, ergaben sich Lernimpulse für alle Beteiligten. Vielerorts wurden auch gemeinsame Spielpausen in den Alltag integriert.
- Neben den aufgeführten Beispielen wurden an vielen Bildungshausstandorten regelmäßig weitere Aktionen und Projekte organisiert, an denen sich Kindergarten und Grundschule beteiligten. Feste wurden gemeinsam gefeiert, Ausflüge unternommen, regionale und kirchliche Veranstaltungen miteinander gestaltet.

3 Qualitative Forschung zum Bildungshausprojekt

Die begleitende wissenschaftliche Forschung im Projekt »Bildungshaus 3–10« durch das ZNL TransferZentrum für Neurowissenschaft und Lernen, Ulm, verfolgte das Ziel, Erkenntnisse über Nutzen und Grenzen der Verzahnung von Kindergarten und Grundschule hervorzubringen. Dabei waren drei Schwerpunkte gesetzt worden. Ein Fokus lag auf der *Analyse der Wirkung der Bildungshausarbeit (1)* in Bezug auf

- die emotionale, soziale und kognitive Entwicklung der Kinder,
- die pädagogische Prozessqualität in den einzelnen Einrichtungen sowie im Rahmen der Bildungshausaktivitäten,
- die Veränderungen der Arbeitssituation, Arbeitsabläufe und Arbeitszufriedenheit.

Die beiden weiteren Schwerpunkte bildeten die *Prozessbegleitung (2)*, d.h. die regelmäßige Betreuung der Teams zur Unterstützung der Kooperationsarbeit, und ihre *Dokumentation über die Zeit (3)*. Angestrebt wurde, empirisch fundierte Aussagen dazu machen zu können, welche Gelingens- und welche Misslingensfaktoren in der Entwicklung der Modellstandorte eine maßgebliche Rolle spielten.

3.1 Die Prozessbegleitung als eigenständiger Teil der Forschung

Neben der Wirkungsanalyse (s. o.) des Modells »Bildungshaus 3–10« umfasste der Forschungsauftrag auch die Prozessbegleitung und ihre Dokumentation. Dem lag die Überzeugung zugrunde, dass die erforderliche enge Zusammenarbeit zwischen Kindergärten und Grundschulen eine besondere Form der Unterstützung benötigt. Zudem wurde in der engen Zusammenarbeit zwischen Wissenschaftlern, Lehr- und Fachkräften vor Ort die Chance gesehen, vertiefte Einblicke in die jeweiligen Entwicklungsprozesse der Modellstandorte zu erhalten, um diese für eine weitere wissenschaftliche Auseinandersetzung zu dokumentieren.

Durch die Prozessbegleitung im Bildungshausprojekt sollte ein Beitrag dazu geleistet werden, dass es interdisziplinären Teams durch Selbstbeobachtung und Reflexion gelingt, trotz unterschiedlicher Kompetenzen und Erfahrungen ein gemeinsames Handeln zu entwickeln und sich Möglichkeiten für innovative kooperative pädagogische Arbeit zu erschließen.

Zu den wichtigsten Aufgaben der Fachkräfte gehörte, begleitend geeignete Strukturen aufzubauen, die allen Beteiligten, d.h. den Leitungen, den Lehr- und Fachkräften, aber auch den Kindern und Eltern, zunehmend Sicherheit und Vertrauen in die Kooperationsarbeit geben konnten.

Die Wissenschaftler besuchten die ihnen jeweils zugeordneten Modellstandorte in Abständen von vier bis acht Wochen. Dabei begleiteten sie Leitungs-, Team- bzw. Steuergruppentreffen sowie pädagogische Tage oder Klausuren. Die Bildungshausteams bestimmten je nach Bedarf, ob die Prozessbegleitung eher die Rolle eines Beobachters und Feedbackgebers, die eines strukturgebenden Unterstützers kooperativer Aushandlungsprozesse oder die eines Moderators in schwierigen, evtl. konflikthaften Teamsituationen einnahm.

Die inhaltliche Gestaltung der Prozessbegleitung folgte den jeweils spezifischen Themen der Standortteams, die gemeinsam ermittelt und festgelegt wurden. Orientierung gaben somit die aktuellen Themen, die Problem- oder Fragestellungen und die Bedürfnisse der am Bildungshaus Mitwirkenden. Für den Prozessbegleiter bedeutete dies, nicht ein Programm oder Vorgehen von außen einzubringen, sondern einfühlsam zusammen mit dem jeweiligen Team dessen Bedarf zu erkunden. Es galt, im Dialog relevante Problemstellungen herauszufiltern und deren Angehen zu vereinbaren.

Abhängig vom jeweiligen Standort und seinen Akteuren und abhängig von deren Anliegen und Rahmenbedingungen gestaltete sich die Zusammenarbeit zwischen Wissenschaftler/innen und Bildungshausteams ganz unterschiedlich – je nach den thematischen Ausrichtungen und Schwerpunkten der einzelnen Teams. Gleichwohl wurde im Rahmen der wissenschaftlichen Auswertung über alle Standorte hinweg sichtbar, dass übergreifender Unterstützungsbedarf in vier bestimmten Feldern bestand.

1. *Dienstleistung I (praktisch/organisatorisch) und Dienstleistung II (fachlich/inhaltlich)*
   - Projektbezogene praktische und organisatorische Unterstützungsleistungen, z. B.:
     - Öffentlichkeitsarbeit, Zusammenarbeit mit Eltern und Trägern
     - Organisation von Klausurtagungen und Hospitationsfahrten sowie der Vernetzung mit anderen Bildungshäusern
     - Literaturrecherche, Medientipps, Materialempfehlungen
   - Fachlich-inhaltliche Unterstützungsleistungen, z. B.:
     - Vorträge, Inputs, Impulsreferate zu relevanten fachlichen Themen (allgemein und bildungshausspezifisch) zu thematischen Schwerpunkten bzgl. pädagogischer Arbeit und interprofessioneller Kooperation

2. *Pädagogik Bildungshaus*
   - Dialogisch ausgerichtete Fachberatung im Kontext der pädagogischen Bildungshauspraxis, z. B.:
     - Hospitationen im Bildungshaus
     - Reflexionen der Bildungshausarbeit
     - Begleitung der methodischen Gestaltung der Bildungshausarbeit
     - Entwicklung und Sicherung pädagogischer Qualität

3. *Kooperation Bildungshaus*
- Begleitung/Supervision der kooperierenden Teams/Leitungen im Kontext der Zusammenarbeit beider Professionen, z. B.:
  - Begleitung von Aushandlungsprozessen im Team
  - Begleitung der Leitungen
  - Teamentwicklung
  - Konfliktbewältigung

4. *Übergeordnete Aufgaben*
- Wissenschaftliche Begleitung: Forschung/Gesamtprojekt, z. B.:
  - Vorstellung des Forschungsprojekts/Forschungsdesigns für Lehr- und Fachkräfte, Eltern, Träger, Öffentlichkeit
  - Terminplanung, Organisation der Erhebungen
  - Informationsweitergabe: Datenschutz, Erhebungsinstrumente, Ergebnisse
  - Rückkoppelung allgemeiner Projektinformationen

Im Resümee der Forschergruppe wurde festgestellt, dass es sich als sinnvoll für die Bildungshausteams erwiesen hatte, mit der beschriebenen Offenheit vorzugehen. Es erwies sich als überaus förderlich, die Gestaltung der Prozessbegleitung nicht allein auf eines dieser oben erwähnten Felder auszurichten. Die Unterschiedlichkeit der Bedingungen und Bedarfe an den Standorten verlangte vielmehr, ein multifokussierendes Konzept anzubieten, das den Standorten Raum ließ, nach Antworten auf *ihre* Fragen zu suchen.

Dabei wurde auch deutlich, dass Wechselwirkungen entstanden, d. h. dass eine prozessbegleitende Maßnahme auf einem der Felder in der Regel gute Auswirkungen auf die jeweils anderen Bereiche hatte. Beispielsweise löste ein Fachvortrag (Dienstleistung II) neue Fragen in Bezug auf die Gestaltung der pädagogischen Praxis aus, die die Unterschiede und Gemeinsamkeiten zwischen den Professionen klarer machten und eine gezielte Diskussion im Team erleichterten.

Abbildung 3 zeigt in stark komprimierter Form das Konzept der Prozessbegleitung im Bildungsforschungsprojekt »Bildungshaus 3–10«.

3.2 Prozessdokumentation

Die Dokumentation der prozessbegleitenden Arbeit diente einerseits einer auf den einzelnen Einrichtungsverbund zugeschnittenen Unterstützung. Sie lieferte Anhaltspunkte und Impulse für den Dialog an den Modellstandorten. Andererseits bildeten die Dokumentationen eine Grundlage dafür, in großer Nähe zur Praxis Gelingens- und Misslingensfaktoren der Kooperationsprozesse zu erkunden.

Insofern standen hinter der Dokumentationsarbeit im Forschungsprojekt zum »Bildungshaus 3–10« stets zwei grundlegende Fragestellungen:

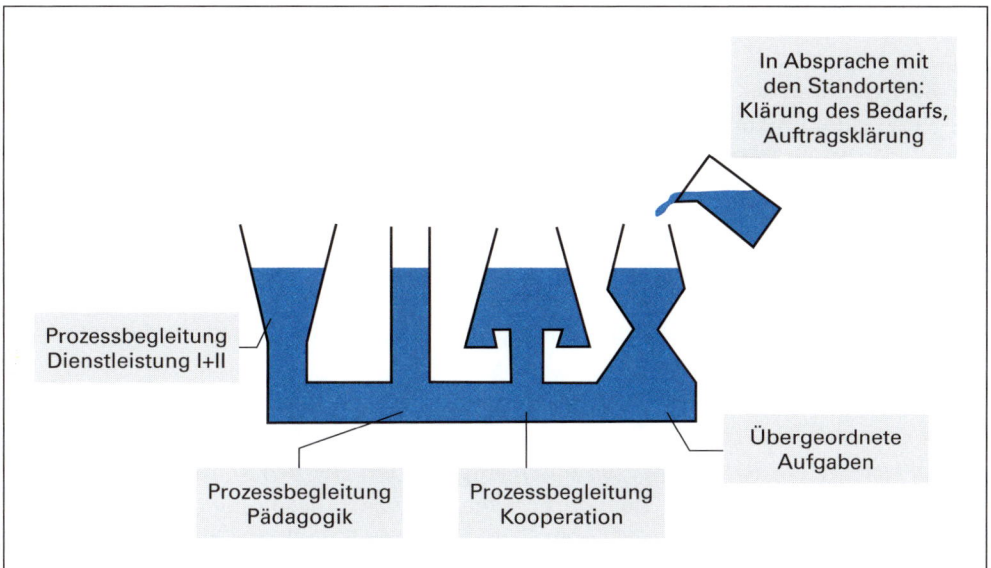

In Absprache mit den Standorten: Klärung des Bedarfs, Auftragsklärung

Prozessbegleitung Dienstleistung I+II

Übergeordnete Aufgaben

Prozessbegleitung Pädagogik

Prozessbegleitung Kooperation

Abb. 3: Multifokussierende Prozessbegleitung

Was passiert …
1. im Prozess der Entwicklung bildungshausspezifischer Theorie und Praxis an den unterschiedlichen Modellstandorten?
2. im Kooperationsprozess der interdisziplinären Teams?

Um diese Fragen beantworten zu können, wurde das Instrument »Verdichtete Dokumentation« entwickelt. Es half dabei, die vielfältigen Informationen aus den Modellstandorten einerseits zu erfassen, andererseits so zu komprimieren, dass sie überschaubar wurden. Insofern wurde über das Instrument »Verdichtete Dokumentation« ermöglicht, die umfangreichen Begleitdokumentationen jedes einzelnen Prozessbegleiters durch eine regelgeleitete Komprimierung des Materials qualitativ auswerten und somit als Erkenntnisquelle nutzen zu können.

Das Instrument »Verdichtete Dokumentation« bestand aus vier Teilen, die jeweils als eigenständige Reflexionsformate relevante Bereiche der Bildungshausentwicklung erfassten. In vorgegebenen zeitlichen Abständen beschrieben die Prozessbegleitungen die Entwicklungen für diejenigen Modellstandorte, die in deren dauerhafte Zuständigkeit fielen. Grundlage der weiteren Ausführungen in diesem Buch sind die in der ersten Projektphase (2008–2012) erstellten »Verdichteten Dokumentationen«.

Nach detaillierter Auswertung der Dokumentationen (angelehnt an Mayring 2008, Gropengießer 2008, Kelle/Kluge 2010) konnten empirisch begründete Aussagen gemacht werden, die für die Hilfestellung zur Umsetzung von Kooperation zwischen Grundschule und Kindergarten als richtungsweisend erachtet werden. Der Besprechung dieser Aussagen und ihrer Inhalte widmen sich die anschließenden Kapitel.

3.3 Ergebnisse aus Prozessbegleitung und Prozessdokumentation

Die Beschreibung der Erfahrungen und Ergebnisse aus der Prozessbegleitung respektive Prozessdokumentation im Rahmen des Bildungshausprojekts beginnt hier *nicht* mit ausführlichen Beschreibungen dazu, wie man es nun wirklich richtig macht«, *nicht* damit, wie sich Kooperierende zu verhalten haben oder was ein garantiert erfolgversprechender Weg ist, zu gelingender Kooperation zu kommen. Sie beginnt vielmehr damit, zunächst das Verständnis von Kooperation zwischen Kindergarten und Grundschule zu benennen. Darin nämlich, so lassen die Ergebnisse der Begleitforschung annehmen, scheint der Dreh- und Angelpunkt gelingender Gestaltung kooperativer Praxis zu liegen.

Die wissenschaftliche Arbeit im Bildungshausprojekt ermöglichte, Kooperation besser zu verstehen und 10 maßgebliche Themen herauszuarbeiten, die im Folgenden vorgestellt werden. Die Reihenfolge der unten aufgeführten Themen richtet sich dabei *nicht* nach ihrer Wichtigkeit. Die Themen besitzen vielmehr Gleichrangigkeit. Sie können auch auf Institutionen außerhalb des Projekts »Bildungshaus 3–10« übertragen werden. Gleichzeitig zeichnet die Darstellung auch für die Bildungshausstandorte selbst nach, welche Themen der Kooperationsarbeit stets neu zu prüfen und zu reflektieren sind.

Aus der Begleitung der Modellstandorte, deren Dokumentation und Auswertung konnten 10 zentrale Themen abgeleitet werden, die für einen gelingenden Kooperationsprozess relevant sind:

1. Verbindlichkeit ist die Basis für kooperative Entwicklungsprozesse.
2. Jeder Kooperationsverbund ist speziell.
3. Die Wege hin zu intensiver Kooperation müssen stets *eigene* Wege sein.
4. Die jeweils beteiligten Institutionen haben ein Recht auf die Anerkennung ihrer Individualität und der gewachsenen institutionellen Traditionen.
5. Die Kooperationsarbeit steht in Wechselbeziehung mit den Bedingungen, Aufträgen, Zielen und rechtlichen Vorgaben der Systeme Schule und Kindergarten.
6. Kooperation ist eine Dimension im Berufsalltag der Lehr- und Fachkräfte, die einer Neudefinition von Verantwortung für Leitung, Team und einzelne Beteiligte bedarf.
7. Über Kooperation entsteht eine Schnittstelle gemeinsamer professioneller Arbeit, die sich durch spezifische fachliche Ansprüche, Gestaltungsformen und Rituale erst konstituiert.
8. Die Kooperationsarbeit steht in Wechselbeziehung mit dem Umfeld der beteiligten Institutionen: Eltern, Trägern, weiteren Mitverantwortlichen und regionalen Akteuren.
9. Kooperation ist ein komplexer vielfach beeinflusster Prozess, der nicht aufhört, sich auf dem Kontinuum zwischen Gelingen und Misslingen zu bewegen.
10. Kooperation soll den Kindern, deren Familien sowie den Lehr- und Fachkräften nützen und dabei helfen, pädagogische Qualität fortzuentwickeln.

In die Benennung der zentralen Themen, die dem Verständnis von Kooperation zwischen Kindergarten und Grundschule Kontur verleihen, fließen zwei theoretische Denkmodelle ein.

Zum einen liegt ein Menschenbild zugrunde, das Menschen als ganzheitliche, individuelle und gleichermaßen soziale Wesen betrachtet. Sie besitzen die Fähigkeit zu Reflexivität und Emotionalität, sie verfügen über Verbalisierungs- und Kommunikationskompetenz, Handlungskompetenz und Autonomie.

Zum anderen sind die 10 zentralen Themen getragen von einer systemischen Perspektive. Systemisches Denken berücksichtigt, dass sich menschliches Leben, auch im Berufsalltag, grundsätzlich im Kontext verschiedener Lebensräume und sozialer Bezüge vollzieht. Das Verhältnis zwischen Mensch und seiner Umwelt wird aus systemischer Perspektive heraus als rekursiv beschrieben, d. h. die Umwelt beeinflusst den Menschen und der Mensch nimmt Einfluss auf seine Umwelt. Jeder Teil eines Systems kann das ganze System über Rückkoppelungsprozesse beeinflussen. Wenn also ein Teil eines Systems sich verändert oder verändert wird, wirkt sich dies möglicherweise auch auf einige, ggf. auf alle anderen Systemebenen aus. Anstelle einer Reduktion auf Einzelelemente geht es somit immer um die Berücksichtigung eines größeren Kontextes. Systemisch zu denken bedeutet, in Kreisläufen anstatt in linearen Prozessen zu denken. Nicht Einzelfaktoren, sondern die Relationen und Vernetzungen zwischen den Einzelfaktoren werden in den Mittelpunkt der Betrachtung gestellt. Dieser Blickwinkel nutzt dabei, Kooperationsprozesse auf geeignete Weise zu beobachten, einzuschätzen und mit ihnen umzugehen.

4 10 zentrale Themen für eine gelingende Intensivkooperation

Orientiert an den skizzierten theoretischen Anbindungen wird in den folgenden Abschnitten jedes zentrale Thema detaillierter dargestellt und anhand von Beispielen verdeutlicht. Die wichtigsten Anknüpfungspunkte dafür liegen jeweils in den Erfahrungen der Bildungshauspraxis bzw. kommen her aus der Prozessbegleitung und ihrer Dokumentation.

In jedem Abschnitt findet sich ein Themenblatt zur Kooperationspraxis. Dort werden dem behandelten Thema Schlüsselfragen zugeordnet, aus denen wiederum bedeutsame Empfehlungen für die praktische Arbeit abgeleitet werden. Zu den Empfehlungen werden jene Ziele benannt, die mit ihrer Umsetzung angestrebt werden.

Die Empfehlungen für die Praxis beziehen sich jeweils auf einen einzelnen Schritt im gesamten Kooperationsprozess. Um nämlich Antworten auf die Schlüsselfragen zu finden, ist es vielfach notwendig, zunächst einen Teilschritt zu gehen. Davon, wie dieser gelingt, ist wiederum abhängig, wie erfolgreich sich die Folgeschritte anschließen lassen.

Die Themenblätter zur Kooperationspraxis geben also bedenkenswerte Impulse dazu, welche Inhalte und Schritte im Verlauf des Kooperationsprozesses zu berücksichtigen sind, um auf die einzelnen Schlüsselfragen antworten zu können. Dabei müssen und sollen Kooperationsverbünde die Impulse jedoch nicht eins zu eins umsetzen. Vielmehr sollte jeder Verbund diese Anregungen dem eigenen Bedarf und der eigenen Schwerpunktsetzung entsprechend gestalten. Demnach sollten die Kooperationspartner auch prüfen, welche für sie spezifischen Elemente und möglicherweise zusätzlichen Schritte darüber hinaus eingebaut werden müssen. Jedes Kooperationsteam sollte sich insofern die Empfehlungen daraufhin ansehen, was diese für die individuelle Lage bedeuten und wie sie ausgelegt und umgesetzt werden könnten.

Die Empfehlungen, die in den Themenblättern zur Kooperationspraxis zusammengestellt wurden, beanspruchen nicht, vollständig zu sein. Sie wollen lediglich Hinweise für kooperierende Teams geben. Dies ist, um es erneut zu betonen, der Erfahrung aus dem Bildungshausprojekt geschuldet: Es gibt nicht *die* Gussform für das Vorgehen in Kooperationsprozessen, in die jede Kooperationsgemeinschaft hineinpasst. Dass es aber markante Aspekte gibt, denen alle Aufmerksamkeit gehören sollte, ist gleichermaßen ein nachhaltiger Erfahrungswert.

Jedes der 10 zentralen Themen hat gleichermaßen Bedeutung für den gesamten Kooperationsprozess. Allerdings hat die Beobachtung der Kooperationsprozesse in den Bildungshäusern über die Jahre gezeigt, dass das eine oder andere der 10 zentralen Themen an bestimmten Stellen des Kooperationsgeschehens eingebracht werden sollte.

Einige Themen beziehen sich vor allem auf die Annäherung der Kooperationspartner *(Kooperation – Annäherung)*. Es geht um das Knüpfen der Kontakte und um die »Grundsteinlegung«.

Andere Themen stehen in Verbindung mit der konkreten Umsetzung von Kooperation *(Kooperation – Umsetzung)*. Hier werden Kooperationsformen auf der pädagogischen Ebene einerseits und der Austauschebene im Team andererseits entwickelt und verwirklicht. Im Handlungsvollzug wird spürbar werden, welche weiteren Einflüsse ggf. eine Rolle spielen und berücksichtigt werden müssen, z. B. wie die rechtlichen Vorgaben der verschiedenen Institutionen einwirken oder welche besonderen neuen Erfordernisse sich im Rahmen der Zusammenarbeit mit Eltern ergeben. An solche Einflüsse muss das Handeln angepasst werden.

Im Fortgang des Kooperationsgeschehens kommt es schließlich zu Formen gemeinsamer Arbeit, die eine Intensivierung bzw. Verstetigung der Kooperation mit sich bringen *(Kooperation – Intensivierung/Verstetigung)*. Die Evaluation des Gelingens und die Suche nach weiteren Ansätzen zur Fortentwicklung der gemeinsamen Arbeit stehen hierbei im Zentrum.

Übergreifende Bedeutung für den gesamten Prozess und über alle seine Phasen und Schritte hinweg hat schließlich das Thema der Zielorientierung der Kooperationsarbeit *(Kooperation – Begleitende Zielorientierung)*. Der Fokus hierbei liegt auf der wiederkehrenden Reflexion des Kooperationsverlaufs und dem registrierbaren Nutzen.

Die herausgearbeiteten 10 zentralen Themen können somit als aufeinander aufbauende Schritte speziellen Aspekten des Kooperationsprozesses zugeordnet werden. Die angefügte Tabelle gibt einen Gesamtüberblick.

Aspekte des Kooperationsprozesses	Themenstellungen im Kooperationsgeschehen
Kooperation – Annäherung Kontakt knüpfen, Grundlagen schaffen	1. Verbindlichkeit ist die Basis für kooperative Entwicklungsprozesse. 2. Jeder Kooperationsverbund ist speziell.
Kooperation – Umsetzung Formen pädagogischer und teambezogener Kooperationsarbeit entwickeln und verwirklichen, Handeln an Erfahrungen und neu auftauchende Herausforderungen anpassen	3. Die Wege hin zu intensiver Kooperation müssen stets eigene Wege sein. 4. Die jeweils beteiligten Institutionen haben ein Recht auf die Anerkennung ihrer Individualität und der gewachsenen institutionellen Traditionen. 5. Die Kooperationsarbeit steht in Wechselbeziehung mit den Bedingungen, Aufträgen, Zielen und rechtlichen Vorgaben der Systeme Schule und Kindergarten. 6. Kooperation ist eine Dimension im Berufsalltag der Lehr- und Fachkräfte, die einer Neudefinition von Verantwortung für Leitung, Team und einzelne Beteiligte bedarf.

	7. Durch die Intensivkooperation entsteht eine Schnittstelle gemeinsamer professioneller Arbeit, die sich durch spezifische fachliche Ansprüche, Gestaltungsformen und Rituale erst konstituiert.
	8. Die Kooperationsarbeit steht in Wechselbeziehung mit dem Umfeld der beteiligten Institutionen: Eltern, Trägern, weiteren Mitverantwortlichen und regionalen Akteuren.
Kooperation – Intensivierung/Verstetigung Kooperationsarbeit prüfen, evaluieren, weiterentwickeln	9. Kooperation ist ein komplexer, von vielen Seiten beeinflusster Prozess, der nicht aufhört, sich auf dem Kontinuum zwischen Gelingen und Misslingen zu bewegen.
Kooperation – Begleitende Zielorientierung Annäherung, Umsetzung, Intensivierung/Verstetigung kritisch begleiten	10. Kooperation soll den Kindern, deren Familien sowie den Lehr- und Fachkräften nützen und dabei helfen, pädagogische Qualität fortzuentwickeln.

Tab. 1: Aspekte des Kooperationsprozesses und ihre Themen

Jedes Thema kann ohne Bedenken »nachgeholt«, wieder aufgenommen oder neu unter aktuellen Bedingungen behandelt werden. Sämtliche Themen bieten insofern eine Orientierung für die Bildungshausteams und ebenso für Teams, die sich anderswo im Kooperationsprozess befinden. Die Schlüsselfragen helfen, eine reflektierende Standortbestimmung vorzunehmen.

Bei der Formulierung der 10 zentralen Themen wurde berücksichtigt, dass Kooperation keineswegs eine Verschmelzung der beteiligten Institutionen bedeutet. Kooperation ist somit nicht als eine »Fusion« zu verstehen, bei der die Konturen der Kooperationspartner verschwimmen (Beck 1992). Eine Fusion wäre weder Zeichen noch Garant für gelingende Kooperation.

Die Kooperationsarbeit spielt sich vielmehr sowohl in den Herkunftseinrichtungen, den Kindergärten und Grundschulen, als auch im Kooperationsteam des Einrichtungsverbundes ab. Entsprechend enthalten die Themenblätter zur Kooperationspraxis einerseits Denkanstöße für die einzelne beteiligte Institution und andererseits für das Kooperationsteam aus allen beteiligten Institutionen.

Empfehlungen für die Umsetzung in der Praxis, die für die einzelnen beteiligten Institutionen (Grundschule oder Kindergärten) gedacht sind, sind durch 🐝 gekennzeichnet, Empfehlungen für das Kooperationsteam aus Vertretern aller beteiligten Einrichtungen durch 🐝+🐝. Die Ziele sind durch 🎯 markiert.

Die Themenblätter zur Kooperationspraxis eignen sich als Grundlage für die Vorbereitung von Teamtreffen (Teams der Herkunftsinstitutionen sowie Gesamtteam des Kooperationsverbundes) durch Leitungen, Fachberatungen oder im Rahmen von Coaching resp. extern moderierter Prozessbegleitung. Ebenso können die Themenblätter als

Impulsgeber für freie Teamdiskussionen dienlich sein oder auch die Reflexion einzelner Lehr- und Fachkräfte begleiten.

Angeschlossen an die Themenblätter zur Kooperationspraxis sind zudem drei Querschnittsthemenblätter, die im Kooperationsgeschehen wichtige übergeordnete Leitlinien erfassen.

Die fachliche Sicherheit, wie in kooperierenden Teams im Rahmen der speziellen eigenen Bedingungen mit den Themenblättern und deren Bearbeitung umzugehen ist, welche methodischen Wege jeweils beschritten werden können, besitzen die Praktiker/innen vor Ort.

4.1   Thema 1 – Verbindlichkeit

Verbindlichkeit ist die Basis für kooperative Entwicklungsprozesse.

Bevor die Kooperationsverbünde des Bildungshausprojektes in die Studie aufgenommen wurden, trafen sich Lehrer/innen und Erzieher/innen aus Schulen und Kindergärten. Sie diskutierten über das Für und Wider und entschieden sich schließlich für eine gemeinsame Teilnahme. Damit verbunden war eine gemeinsame Beantragung, d. h. die klare Willenserklärung jeder teilnehmenden Institution, sich auf die Kooperation im Sinne der Vorgaben des Bildungshausprojektes einzulassen. Die beteiligten Institutionen verpflichteten sich also nicht nur dazu, am Bildungshausprojekt teilzunehmen, sondern sich gegenseitig dazu, miteinander zu kooperieren.

Damit sicherten die Beteiligten sich eine verbindliche Form der Gegenseitigkeit zu (zum Begriff Gegenseitigkeit: Heckhausen 1989, S. 288 f.). Das war wichtig, denn die Kooperationspartner einigten sich auch darauf, dass der Beitrag, der zu der Kooperationsbeziehung geleistet werden solle, ungefähr gleich verteilt sein würde (Aronson/Wilson/Akert 2004). Sie kamen auch darin überein, die Kooperationsbeziehung nicht ohne Weiteres als aufkündbar zu betrachten. Die Bereitschaft für die Entwicklung und Pflege der Kooperationsbeziehung und für ein verlässliches Entgegenkommen war damit übereinstimmend zur Sache aller geworden.

Die Erfahrungen aus der Prozessbegleitung im Bildungshausprojekt zeigten: Wie auch immer sich der Verlauf der Kooperationsbeziehungen später gestaltete, welche Art Konflikte oder andere Irritationen die Kooperationsbeziehungen auch belasteten, das Miteinander wurde nicht grundsätzlich infrage gestellt, plötzlich abgebrochen oder als unverbindlich betrachtet. Das wiederum bot die Grundlage für jede einzelne beteiligte Fachkraft bzw. Lehrperson, sich in den Prozess der Auseinandersetzung zu wagen und ihn immer von Neuem konstruktiv anzugehen, auch wenn dieser nicht allzeit reibungslos vonstattenging. Van Santen und Seckinger (2003) widmen dem Thema »Verbindlichkeit« in der Besprechung ihrer umfangreichen Studie zur Kooperation ein Unterkapitel, in dem sie detailliert unterschiedliche Perspektiven zur Bedeutung von Verbindlichkeit in Kooperationsbezügen darlegen. Es wird deutlich, dass Verbindlichkeit ein Schlüsselelement gelingender Kooperation ausmacht. Im »Nationalen Qualitätskriterienkatalog«, der die Qualitätsentwicklung in Tageseinrichtungen für Kinder behandelt, werden Prinzipien guter pädagogischer Arbeit dargelegt. Hier heißt es: »Kommunikation und der Aufbau sozialer und emotionaler Beziehungen sind [...] Grundbedürfnisse [...]. Dafür sind verlässliche Ansprechpartner unverzichtbar, denn wer [...] Sicherheit [...] erfährt, kann auch sein eigenes Handeln und Erleben in einen sozialen Kontext einbinden« (Tietze et al. 2003, S. 27). Ohne Frage ist diese Aussage, die für den Umgang mit Kindern formuliert worden ist, gleichermaßen gültig für Beziehungen zwischen Erwachsenen. Van Santen und Seckinger (2003) zeigen dafür mehrere theoretische Belege auf. Ein weiterer Aspekt in diesem Zusammenhang erschließt sich ebenso aus der Bildungshausbegleitung: Niemand darf ausgeschlossen werden, wenn die Entscheidung ansteht, verbindlich Ja zu sagen zur Kooperation zwischen Kindergarten und Grundschule. Das gesamte Kollegium einer Schule, selbst wenn es nicht jeden einzelnen Kollegen oder jede einzelne Kollegin konkret betrifft, und auch das gesamte Team eines Kindergartens müssen in die Entscheidungsfindung involviert werden. Hervorzuheben ist, dass es als elementare Leitungsaufgabe zu verstehen ist, die Einbeziehung aller zu garantieren.

Die Bildungshausbegleitung zeigte nämlich: Im gleichen Maß, in dem es gelungen war, *gesamte* Kollegien und Teams in die Entscheidung für eine intensive Kooperation einzubeziehen, konnten die Akteure mit Akzeptanz, Verständnis und auch mit praktischer Unterstützung im Alltag rechnen. Letztlich trug dies zum Gelingen bei, stand doch der Kontext der Kooperationsaktivität in ständiger Rückkopplung mit den Bedingungen in den Herkunftsinstitutionen.

Thema
1

Kooperation – Verbindlichkeit
Verbindlichkeit ist die Basis für kooperative Entwicklungsprozesse

Schlüsselfrage

 Können wir »Ja!« sagen zu verbindlichen Kooperationsbeziehungen?

Empfehlungen für die Praxis

  Wer zu Kooperation »Ja!« sagen soll, muss im Vorfeld die eigene Position klären.

Besprechen Sie im eigenen Team, wie wichtig es jedem einzelnen Mitglied ist, die Kooperation in Gang zu setzen. Sind die Bereitschaft und das Interesse für diese neue Aufgabe vorhanden? Stellen einzelne Teammitglieder Bedingungen? Welche sind das?

● Erkunden der Vorstellungen jedes einzelnen Teammitglieds zu den Herausforderungen von Intensivkooperation und der Bereitschaft zur Umsetzung
● Erkunden der Bedingungen, unter denen sich jedes einzelne Mitglied auf die Intensivkooperation einlassen würde, und deren Diskussion im Team

2 Nicht jedes Teammitglied wird von der Kooperationsaufgabe im gleichen Maß betroffen sein. Daher werden sich die subjektive Wichtigkeit, Motivation und Bereitschaft unterscheiden.

Tauschen Sie sich über Ihre jeweiligen Standpunkte gegenüber Intensivkooperation aus. Erforschen Sie im Gespräch die Sichtweisen einzelner mehr oder weniger involvierter Personen, die bestimmter Kleingruppen und die der Leitung.

 ● Bewusster Umgang mit unterschiedlichen Sichtweisen gegenüber Intensivkooperation: Perspektive der Leitung, von Personen/Gruppen im Team, die für die Aufgabe überwiegend tätig sein werden, von Personen/Gruppen im Team, die weniger oder nicht involviert sein werden.

3 *Entscheiden Sie im Team, ob und unter welchen Bedingungen Sie gemeinsam »Ja!« dazu sagen können, sich auf einen Kooperationsprozess mit anderen Partnern einzulassen.*

 ● Kritische Betrachtung der (Diskussions-)Ergebnisse aus Punkt 1 und 2
● Klärung von Voraussetzungen und Bedingungen für eine verbindliche gemeinsame Entscheidung im gesamten Team zur Aufnahme intensiver Kooperationsbeziehungen

4  Wer zu einer Intensivkooperation »Ja!« sagen soll, muss wissen, wie wichtig dem Kooperationspartner die Zusammenarbeit ist.

Treffen Sie sich mit allen Kooperationspartnern, und sprechen Sie miteinander über Ihre Motivation und Bereitschaft, sich einer intensiven Zusammenarbeit anzunähern.

 ● Transparenz schaffen zwischen den Kooperationspartnern bzgl. der Vorstellungen und der Bereitschaft der einzelnen Teams als Basis für die weitere Annäherung

5  *Klären Sie erste Schritte der Annäherung aneinander. Legen Sie fest, wann Sie den Verlauf der Annäherungsphase reflektieren. Vereinbaren Sie Verbindlichkeit!*

 ● Festlegung erster verbindlicher Schritte der Annäherung: zeitlich, inhaltlich, organisatorisch
● Festlegung eines Termins für ein erstes Reflexionstreffen zum Verlauf der Annäherungsphase

6  *Feiern Sie Ihre gemeinsame Entscheidung!*

 ● Wahrnehmung der Bedeutung der gemeinsamen Entscheidung für den Aufbruch in eine Intensivkooperation als ersten erreichten wichtigen Meilenstein

Abb. 4: Themenblatt zur Kooperationspraxis 1 – Verbindlichkeit

4.2   Thema 2 – Unterschiedlichkeit

Jeder Kooperationsverbund ist speziell.

Eine pädagogisch richtungsweisende Maxime sagt, dass kein Kind dem anderen gleicht und dass deshalb jedes einzelne Kind individuell betrachtet werden muss. Aufmerksam sollen Lehr- und Fachkräfte ihr Handeln auf die Einzigartigkeit jedes Kindes ausrichten. Für die Individualität von Systemen, hier den Kooperationsverbünden, gilt dies gleichermaßen. Auch Kooperationsverbünde sind einzigartig, werden sie doch einerseits von unterschiedlichsten Menschen und andererseits von verschiedenen Rahmenbedingungen beeinflusst. Die statistischen Erhebungen im Rahmen der Forschungsarbeit zum Bildungshausprojekt galten auch der Unterschiedlichkeit der Bildungshäuser und zeigten, dass die Rahmenbedingungen vielfältig variierten.

Abbildung 5 macht dies an einem Beispiel deutlich. Sie zeigt, wie unterschiedlich die Anzahl der betreuten Kinder in den 32 Kooperationsverbünden der Modellstandorte ist (von gut 60 bis annähernd 500).

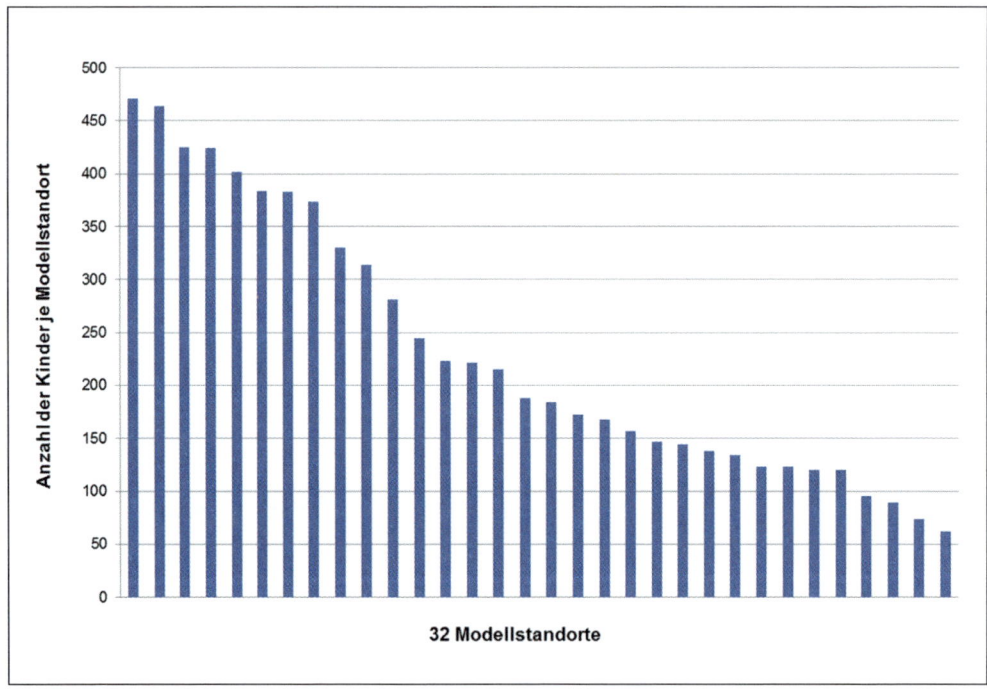

Abb. 5: Anzahl der Kinder in den Kooperationsverbünden der Bildungshäuser

Ein weiterer für den praktischen Kooperationsalltag wesentlicher Aspekt war die Entfernung zwischen den einzelnen beteiligten Institutionen (s. Abb. 6), die als kooperationsbeeinflussende Größe in der begleitenden Forschung erfasst wurde. Die Wege zwischen den Einrichtungen waren teilweise mehrere Kilometer lang, viele betrugen zwischen einem Kilometer und 300 Metern, manche kooperierende Einrichtungen wiederum lagen in unmittelbarer Nähe zueinander.

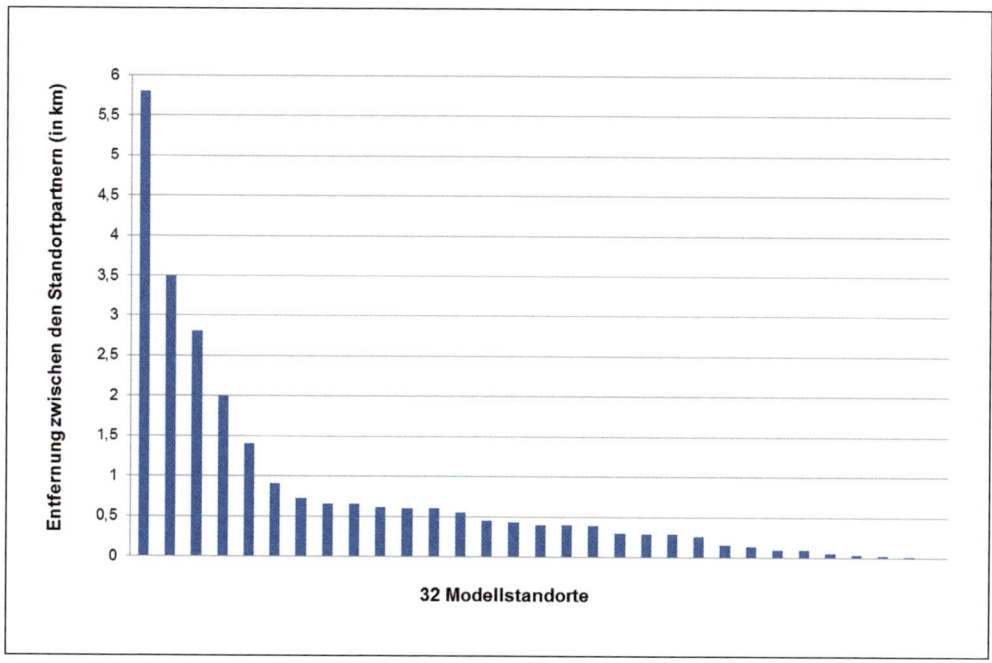

Abb. 6: Entfernung zwischen den Standortpartnern der Bildungshäuser

Selbstredend machte es zudem einen Unterschied für den Kooperationsalltag, ob ein Kooperationsverbund aus einer Grundschule und zwei, drei oder noch mehr Kindergärten bestand oder ob sich der Verbund lediglich aus einer Schule und einem Kindergarten zusammensetzte. Abbildung 7 zeigt ein Beispiel für die Entfernungen zwischen den Einrichtungen in einem großen Kooperationsverbund des Bildungshausprojekts. Kooperation bedeutete hier auch, die pädagogische Arbeit darauf einzustellen, dass vor und nach gemeinsamen Aktivitäten Kinder und Erwachsene unterschiedlich lange Wege zurücklegen mussten. Wesentlich weniger bedeutsam für die pädagogische Arbeit war dies, wenn lediglich zwei Einrichtungen einen Verbund bilden und sie in geringer Entfernung voneinander lagen.

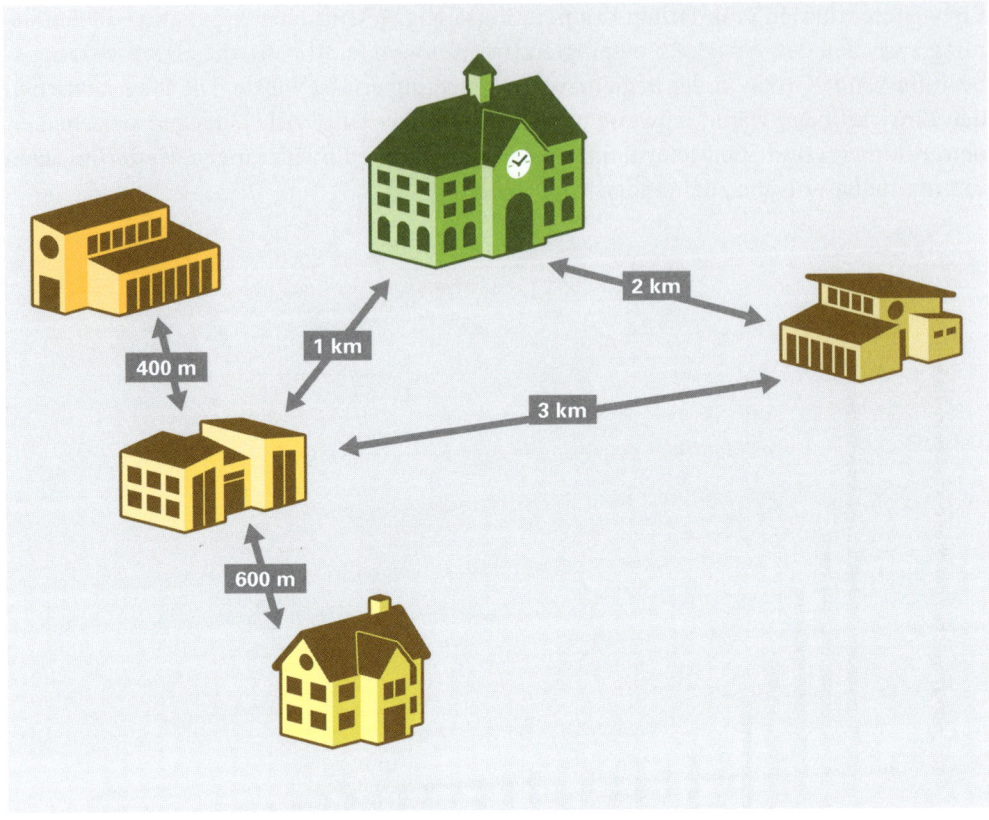

Abb. 7: Beispiel eines Kooperationsverbunds mit mehreren Kindergärten und einer Schule mit Außenstelle und Entfernungen zwischen den kooperierenden Institutionen

Gleichermaßen beeinflusste das Einzugsgebiet die Kooperation. Dazu gehörte z. B. die Frage nach dem Migrationsanteil der betreuten Kinder. Im Bildungshausprojekt bestanden hier ebenso markante Unterschiede.

Aus der Bildungshausbegleitung ist bekannt, dass kaum etwas so wichtig war, wie sich der eigenen Ausgangsbedingungen bewusst zu werden. Es bedurfte einer differenzierten Bestandsaufnahme, die die Voraussetzung für kooperative Beziehungen bildete. Neben der Rekapitulation bestehender Ausgangsbedingungen war darüber hinaus unverzichtbar, sich in jeder teilnehmenden Institution bewusst zu werden, welche Implikationen damit verbunden sind. Das *eigene* Können und Wollen, z. B. hinsichtlich spezieller personeller und räumlicher Ressourcen oder spezifischer konzeptioneller Vorgaben, mussten realistisch eingeschätzt werden. Eine Zusammenschau der Ausgangsbedingungen aller beteiligten Einrichtungen bot dann die Basis dafür, die Kooperationsarbeit daran ausrichten zu können und sie im besten Sinne passend zu machen.

Thema 2

Kooperation – Unterschiedlichkeit
Jeder Kooperationsverbund ist speziell

Schlüsselfrage

Was macht uns als Kooperationspartner aus?

Wer und was gehört zu unserem speziellen Kooperationsnetzwerk?

Empfehlungen für die Praxis

1

Diskutieren Sie:

Welche charakteristischen (Rahmen-)Bedingungen unserer Einrichtung sind für eine Intensivkooperation von Bedeutung?

Welche haben Einfluss auf ihre Durchführbarkeit?

Tragen Sie die Ergebnisse zusammen.

- Gemeinsame Rekapitulation der charakteristischen und für die intensive Kooperation bedeutsamen/einflussreichen (Rahmen-)Bedingungen (z. B. Größe, Entfernung zu möglichen Kooperationspartnern, soziales Einzugsgebiet, spezielle personelle und räumliche Ressourcen, spezifische konzeptionelle Vorgaben etc.)

2

Schreiben Sie einen »Steckbrief«, der Ihre Einrichtung als Kooperationspartner mit ihren spezifischen Rahmenbedingungen und Voraussetzungen charakterisiert.

(Aktualisieren Sie den Steckbrief ggf. im Verlauf des Kooperationsprozesses.)

- Übertragung der Ergebnisse aus Punkt 1 in eine für alle Teammitglieder stimmige und annehmbare Darstellung (Steckbrief)

3

Wer zu einem Netzwerk gehört, braucht einen Überblick über dessen Teile, um das Ganze besser verstehen zu können.

Stellen Sie sich gegenseitig Ihre Einrichtungssteckbriefe vor, auch wenn Sie sich schon lange kennen sollten und meinen, es erwarte Sie nichts Neues.

- Transparenz schaffen zwischen den Kooperationspartnern bzgl. charakteristischer und für die Intensivkooperation bedeutsamer/einflussreicher Rahmenbedingungen und Voraussetzungen in den einzelnen Institutionen

4

Erstellen Sie eine Gesamtskizze Ihres Netzwerks, und lassen Sie sich davon zu einer Diskussion im Kooperationsteam inspirieren.

(Aktualisieren Sie die Gesamtskizze ggf. im Verlauf des Kooperationsprozesses.)

- Übersetzung und Darstellung der Ergebnisse aus Punkt 3 in eine für alle Teammitglieder stimmige Darstellung des Kooperationsnetzwerks

5 *Präsentieren Sie die Gesamtskizze Ihres Netzwerks in der eigenen Einrichtung auch Eltern und Besuchern.*

● Die Rolle als Kooperationspartner innerhalb eines Netzwerks annehmen und der Öffentlichkeit vorstellen

Abb. 8: Themenblatt zur Kooperationspraxis 2 – Unterschiedlichkeit

4.3 Thema 3 – Eigene Wege

Die Wege hin zu intensiver Kooperation müssen stets eigene Wege sein.

Als akzeptiert und zweifellos richtig gilt die Annahme, dass die Kooperation zwischen Schule und Kindergarten die Entwicklung der betreuten Kinder positiv beeinflussen kann. Griebel führt dazu aus:

>»Übergangsprozesse sind die Voraussetzung für erfolgreiche Bildungsprozesse. Stets sind mehrere Einrichtungen betroffen, die kooperieren müssen. Kooperation ist dabei aufzufassen als die bewusste, von allen Beteiligten verantwortete, zielgerichtete, gleichwertige und konkurrenzarme Zusammenarbeit« (Griebel 2003, S. 188 ff.).

Institutionen müssen sich, so Griebel (2003), füreinander sowie für Eltern und Kinder öffnen. Sie müssen kooperieren, um Klarheit über Inhalte und Formen der Zusammenarbeit herzustellen. Die Akzeptanz gegenüber Kooperation auf fachlicher Ebene ist groß. Das zeigt sich z. B. an den Beschlüssen der Jugend- und Familienministerkonferenz und der Kultusministerkonferenz von 2004, die einen gemeinsamen Rahmen der Länder für die frühe Bildung in Kindertageseinrichtungen festlegten. Hier wird die Bedeutsamkeit der Gestaltung von Übergängen und Schnittstellen zwischen Kindergarten und Grundschule betont (JFMK/KMK 2004). Im Jahr 2008 nahm die Jugend- und Familienministerkonferenz erneut ausführlich Stellung zu zentralen fachlichen Herausforderungen der Zusammenarbeit und Anschlussfähigkeit von Kindergarten und Grundschule. Eine weitere intensive Auseinandersetzung zum Thema fand in der Jugend- und Familienministerkonferenz wie in der Kultusministerkonferenz im Jahr 2009 statt. Die Zusammenarbeit von Kindergarten und Schule bei der Gestaltung eines positiven Übergangs wurde hier als zentraler Beitrag für gelingendes Aufwachsen bezeichnet (JFMK/KMK 2009).

In Baden-Württemberg ist Kooperation zwischen Tageseinrichtungen für Kinder und Grundschulen geregelt in der Verwaltungsvorschrift des Kultusministeriums und des Sozialministeriums (Ministerium für Kultus, Jugend und Sport Baden-Württemberg 2002). Der vom Ministerium für Kultus, Jugend und Sport Baden-Württemberg zur Umsetzung der Verwaltungsvorschrift »Kooperation zwischen Kindergarten und Grundschule« herausgegebene Kooperationsordner enthält dazu vielfältige Arbeitshilfen (Ministerium für Kultus, Jugend und Sport Baden-Württemberg 2005). Die Aufgabenstellung ist im Orientierungsplan für Bildung und Erziehung in baden-württembergischen Kindergärten und weiteren Kindertageseinrichtungen und dem Bildungsplan Grundschule des Bundeslandes Baden- Württemberg verankert (Ministerium für Kultus, Jugend und Sport Baden-Württemberg 2006; Ministerium für Kultus, Jugend und Sport Baden-Württemberg 2004). Weitere Materialien und Fachliteratur zur Qualitätsentwicklung nehmen sich des Kooperationsthemas an (z. B. Bertelsmann Stiftung 2011; Hopf/Zill-Sahm/Franken 2008; Carle/Samuel 2007). Ohne Frage muss sich die Praxis daran ausrichten.

Die Prozessbegleitung in den Bildungshäusern bestätigte nun einerseits den Orientierungswert von Fachschriften und darüber hinaus den des Orientierungsplans, der auf dem oben erwähnten gemeinsamen Rahmen der Länder (JFMK/KMK 2004) und dem Kindertagesbetreuungsgesetz von Baden-Württemberg (KitaG § 2 Abs. 2 in Verbindung mit § 9 Abs. 2) basiert. Andererseits reichen die Hinweise daraus nicht für eine praxisbezogene Hilfestellung bei der konkreten Umsetzung der Kooperationsaufgabe, da jeder Kooperationsverbund einzigartig ist. Über die Zeit der Bildungshausbetreuung offenbarte sich, wie wichtig es war, bewusst auf die individuelle, stets spezielle Lage zu schauen und

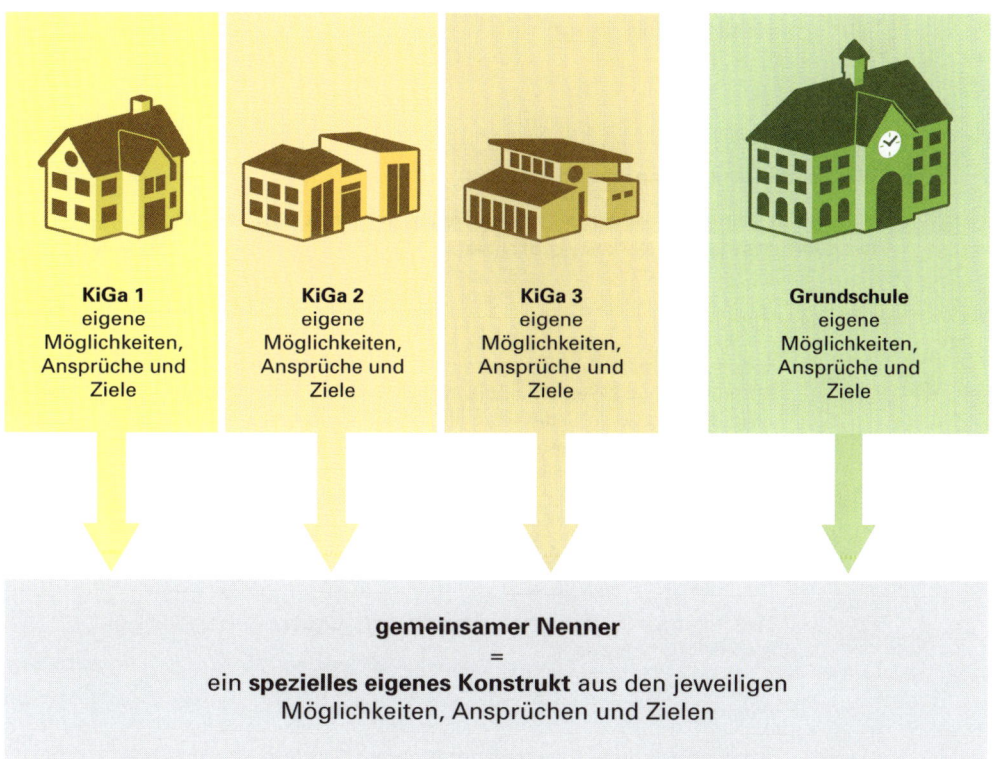

Abb. 9: »Gemeinsamer Nenner« – ein spezielles Konstrukt

darauf, welche Möglichkeiten innerhalb des eigenen, einzigartigen Netzwerkes liegen. Es bestätigte sich, dass Teams gut daran taten, mutig einen passenden *eigenen* Weg zu suchen.

»Voraussetzung hierfür ist wiederum, dass alle an der Zusammenarbeit Beteiligten nicht auf eigenen Positionen und Kompetenzen beharren müssen. Sie müssen ihr Selbstverständnis, die jeweils eigenen Handlungsaufträge und Handlungsmöglichkeiten geklärt haben, denn nur wer weiß, was er will und was er kann, kann sich auch mit anderen auf einen zielgerichteten Austausch über gemeinsame Ziele und auf abgestimmte Handlungen einlassen« (Fegert/Schrapper 2004, S. 18).

Kooperation musste somit in Passung mit dem hergestellt werden, was als »gemeinsamer Nenner« der Möglichkeiten, Ansprüche und Ziele innerhalb des Netzwerks ausgemacht werden konnte (s. Abb. 9). Einen eigenen Weg zu finden bedeutete vorrangig, mit dem gemeinsamen Nenner der Möglichkeiten und Ansprüche des Netzwerks umzugehen.

Thema 3

Kooperation – Eigene Wege

Die Wege hin zu einer intensiven Kooperation müssen stets EIGENE Wege sein

Schlüsselfragen

 Was können und wollen wir selbst?

Was ist der gemeinsame Nenner zwischen den Kooperationspartnern im Netzwerk, was ist das Netzwerkpotenzial?

Empfehlungen für die Praxis

  Kooperation zwischen Kindergarten und Grundschule ist mit vielfältigen Ansprüchen und Zielen verknüpft. Aber sind das auch Ihre? Was sind Ihre Ansprüche und Ziele? Jedes Teammitglied sollte zu Wort kommen. Suchen Sie nach einem »gemeinsamen Nenner« im Team, d. h. nach Ansprüchen und Zielen, die wirklich alle mittragen können.

Stimmen Sie sich im Team ab, was Ihre ganz eigenen Ansprüche und Ziele im Rahmen einer Intensivkooperation sind bzw. sein können. Diskutieren Sie, und handeln Sie miteinander eine Rangfolge nach Wichtigkeit aus, die für alle Teammitglieder annehmbar ist.

Berücksichtigen Sie Bedingungen, konzeptionelle Vorgaben, Grenzen und Möglichkeiten Ihrer Einrichtung.

(Aktualisieren Sie die erarbeitete Liste ggf. im Verlauf des Kooperationsprozesses.)

 ● Im Team die gemeinsamen Ansprüche und Ziele herausarbeiten und nach Wichtigkeit sortieren

2 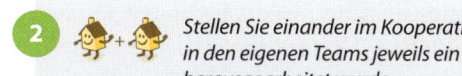 *Stellen Sie einander im Kooperationsteam vor, für welche Ansprüche und Ziele in den eigenen Teams jeweils ein Konsens erarbeitet und welche Rangfolge herausgearbeitet wurde.*

- Transparenz schaffen zwischen den Kooperationspartnern bzgl. der Ansprüche und Ziele im Rahmen intensiver Kooperation, für die in den jeweiligen Teams Konsens besteht

3 *Besprechen Sie im Kooperationsteam gezielt die Gemeinsamkeiten und Unterschiede.*
Diskutieren Sie die Differenzen, um deren Hintergründe verstehen zu können.

- Gemeinsamkeiten innerhalb des Netzwerks bewusst wahrnehmen, Hintergründe von Unterschieden erkunden

4 *Erstellen Sie ein Papier, das den »gemeinsamen Nenner« der Ansprüche und Ziele Ihres Netzwerks zusammenfasst.*

(Aktualisieren Sie das Papier ggf. im Verlauf des Kooperationsprozesses.)

- Übertragung der Ergebnisse aus Punkt 3 in eine für alle Mitglieder des Kooperationsteams stimmige Rangfolge

5 *Wenn Sie für Ihr Netzwerk gemeinsam bestimmte Ansprüche und Ziele herausgearbeitet haben, reflektieren Sie, warum Sie ggf. andere ausblenden (müssen).*

- Reflexion über die Ansprüche und Ziele, für die kein Konsens hergestellt werden konnte, und über die Gründe, warum deren Umsetzung als nicht leistbar erachtet wurde

Abb. 10: Themenblatt zur Kooperationspraxis 3 – Eigene Wege

4.4 Thema 4 – Anerkennung

Die jeweils beteiligten Institutionen haben ein Recht auf die Anerkennung ihrer Individualität und der gewachsenen institutionellen Traditionen.

Soll eine tragfähige Basis für einen Kooperationsprozess entstehen, bedarf es einer Auseinandersetzung mit den Gemeinsamkeiten und Unterschieden der Herkunftsinstitutionen der Erzieher/innen und Lehrer/innen. Im Rahmen der Bildungshausbegleitung konnte beobachtet werden, dass um ein gutes Miteinander nicht zuletzt auch wegen der Einzigartigkeit jeder einzelnen Institution gerungen werden musste. Denn jede Institution hatte eigene Traditionen und individuelle Bezüge, z. B. zum Träger und innerhalb der Region.

Jede der an einem Kooperationsnetzwerk beteiligten Institutionen war im besten Sinne »eigenartig«. Neben Rahmenbedingungen wie unterschiedlicher Größe, der Zugehörigkeit zu unterschiedlichen Trägern oder dem besonders gearteten Einzugsgebiet besaßen sie für viele Abläufe und Fragestellungen der professionellen Tätigkeit ein jeweils eigenes »Gesicht«.

Wenn es beispielsweise innerhalb der Aushandlungsprozesse zwischen den Kooperationspartnern um die Gestaltung von Tagesabläufen, von Formen der Partizipation der Kinder, von Dienstplanungen, Besprechungskulturen oder um den Umgang mit Entwicklungsdokumentationen, Sprachförderung, Projektarbeit oder um die Zusammenarbeit mit Eltern ging, musste zunächst erkundet werden, wie diese Bereiche üblicherweise in den beteiligten Einrichtungen gehandhabt werden. Ein Austausch über die individuell gewachsenen professionellen Strategien war dabei in mehrfacher Hinsicht nutzbringend. Einerseits wurde dadurch der Impuls gesetzt, den eigenen Alltag neu zu reflektieren, gerade weil es ihn zu beschreiben und zu begründen galt. Andererseits öffneten sich Einblicke in das Handeln und die Organisation anderer Institutionen, die die Perspektive für alle erweitern konnten. Die Beteiligten konnten voneinander lernen.

Die kooperierenden Institutionen waren zudem unterschiedlich in die Standortregionen eingebunden; es bestanden unterschiedliche Traditionen für die Zusammenarbeit mit externen Institutionen, z. B. mit Facheinrichtungen, Vereinen, Beratern, und andere Besonderheiten. Auch hatten sich in jeder Einrichtung eigene Traditionen in Bezug auf Feste, die Beteiligung an Veranstaltungen und die Einbindung in politische und soziale Netzwerke der Region entwickelt. Alles, was für die einzelne Institution charakteristisch war, machte ihre eigene Kontur, ihre eigene Qualität und letztlich die wunderbare Vielfalt des Betreuungsangebots aus. Ein »Gleichmachen« durch Kooperation wäre kontraproduktiv und überdies kränkend für jene, die sich über Jahre engagiert haben, um ein attraktives eigenes fachliches Format zu schaffen, und die sich um die regionale Einbindung der Institution zum Wohl der Kinder und Eltern bemüht haben.

Sich als Kooperierende dieses Sachverhalts bewusst zu werden war eine der größten Herausforderungen innerhalb der Kooperationsprozesse. Auch das zeigen die Erfahrungen der Bildungshausbegleitung. Es bedeutete, sich der überaus anspruchsvollen Aufgabe zu stellen, mit individueller Vielfalt umzugehen, was gleichermaßen Belastungen und Chancen in sich tragen konnte.

Im Kontext von Kooperation bestand die Belastung darin, dass Kooperierende möglicherweise mit einem langwierigen Prozess gegenseitigen Kennenlernens und Verstehens konfrontiert waren, die Chance darin, dass sich darüber Projektionsflächen ergaben, die der kritischen Prüfung der eigenen Arbeit dienlich sein konnten. Die größte Chance aber ergab sich daraus, dass man die Schnittstellen, an denen sich Kooperation praktisch konstituiert, mit viel mehr als nur den eigenen Ideen und Lösungsmöglichkeiten gestalten konnte.

Wichtig war dabei, auch das lehrt das Bildungshausprojekt, dass man nicht eigene Formen der Arbeit, d. h. die »Eigenartigkeit« aufgeben muss, sondern dass man gerade die »Eigenartigkeit« der verschiedenen beteiligten Institutionen als bereichernde Vielfalt für das Gemeinsame anerkennt. Ursula Carle, eine renommierte Professorin der Grundschulpädagogik, bringt dies ermutigend auf den Punkt:

»Kooperation ist das Feuer der gemeinsamen Gestaltung, denn die Zusammenarbeit Verschiedener birgt unschätzbare Potentiale – ganz besonders in komplexen Systemen« (Carle/Koeppel/Wenzel 2009, S. 3).

Im Bildungshausprojekt konnte beobachtet werden, dass die Chance, Vielfalt als Bereicherung zu erfahren, dann besonders zum Tragen kam, wenn sich die beteiligten Institutionen zunächst auf einen spezifischen Bereich gemeinsamer Arbeit einigten. In einem Bildungshaus-Kooperationsverbund wurde beispielsweise die Frage nach Regeln und Ritualen in Kindergarten und Schule ins Zentrum gestellt. Man suchte nach sinnvollen Wegen, gemeinsam konsistente Strukturen zu schaffen, die den Kindern eine verlässliche und vor allem durchgängige Orientierung geben können.

Die Auseinandersetzung mit den persönlichen Portfolios der Kinder, und wie diese Form der Entwicklungsbegleitung vom Kindergarten in die Grundschule mitgenommen werden könnte, wurde in einem Modellstandort als Hauptthema ausgewählt. Andere Kooperationsverbünde im Bildungshausprojekt stellten die Zusammenarbeit mit den Eltern oder die Betreuung von Risikokindern innerhalb der Übergangsbegleitung in den Mittelpunkt. Die verschiedenen Lösungen, die in den einzelnen Einrichtungen auf oft kreative und sehr individuelle Weise umgesetzt wurden, und die vielen Erfahrungen mit diesen Lösungen nützten einer ideenreichen Gestaltung der Schnittstellen, die sich aus der gemeinsamen Arbeit als neue Felder pädagogischer Tätigkeit ergaben.

Kooperation – Anerkennung

Die jeweils beteiligten Institutionen haben ein Recht auf die Anerkennung ihrer Individualität und der gewachsenen institutionellen Traditionen

Schlüsselfragen

 Wie schaffen wir im Rahmen der Kooperationsaufgabe ein Klima von Anerkennung gegenüber der Einzigartigkeit jeder beteiligten Institution?

Empfehlungen für die Praxis

  Viele Themen, die in den beteiligten Einrichtungen bearbeitet werden, müssen für den Schnittstellenbereich der Intensivkooperation neu gedacht werden, z. B. Dokumentation, Beobachtung, Zusammenarbeit mit Eltern. Bevor das Kooperationsteam darangeht, neu zu denken, gilt es, Erfahrungen und bewährte Strategien im Umgang mit diesen Themen auszutauschen.

Die vorrangige Frage dabei sollte sein: Wer macht in der eigenen Einrichtung was, wie macht er/sie es, warum und mit welchem Erfolg?

Dabei geht es nicht darum, was richtig oder »richtiger« ist, sondern um die Suche nach einer Antwort auf die Frage: Welche bewährten Strategien und welche Erfahrungen können dabei helfen, eine anstehende Herausforderung im Kontext der Intensivkooperation angemessen zu gestalten?

Konstruieren Sie gemeinsam, was Sie im Schnittstellenbereich wie und warum tun wollen.

Achten Sie gemeinsam darauf, dass die Planungen den inhaltlichen Vorstellungen und praktischen Abläufen in den einzelnen Einrichtungen nicht widersprechen.

Vereinbaren Sie, dass Sie auch zwischendurch den Verlauf Ihrer gemeinsamen Arbeit reflektieren, und legen Sie dafür vorausschauend Termine fest.

- Auswahl eines Arbeitsinhalts im Rahmen der Intensivkooperation
- Austausch im Kooperationsteam zur Erkundung von Erfahrungen, Kompetenzen und bewährten Strategien pädagogischer Praxis
- Gestaltung des gewählten gemeinsamen Arbeitsinhalts entwickeln
- Festlegung eines Termins für ein Reflexionstreffen, um den bisherigen Verlauf vereinbarter Vorhaben zu besprechen und ggf. nachzubessern

Überlegen Sie in Ihrem Team, ob bzw. auf welche Weise Ihre bisherige Arbeit organisatorisch oder inhaltlich ggf. neu zu gestalten ist, um das vereinbarte kooperative Vorgehen gut anbinden zu können.

- Passung zwischen vereinbarten Kooperationsaktivitäten und organisatorischen wie inhaltlichen Maßgaben in der eigenen Institution diskutieren und ermöglichen

Nehmen Sie in für Sie passenden Abständen folgende Reflexionsfrage in Ihre Teambesprechungen auf:

Sind wir zufrieden mit unserer Zusammenarbeit und damit, wie wir miteinander umgehen?

- Prozessbegleitende metaperspektivische Reflexion im Kooperationsteam über die Einschätzung der Zufriedenheit mit der Gestaltung der Zusammenarbeit

Abb. 11: Themenblatt zur Kooperationspraxis 4 – Anerkennung

4.5 Thema 5 – Kompatibilität

Die Kooperationsarbeit steht in Wechselbeziehung mit den Bedingungen, Aufträgen, Zielen und rechtlichen Vorgaben der Systeme Schule und Kindergarten.

Jede an der Kooperation beteiligte Institution ist an bestimmte Vorgaben und rechtliche Bestimmungen gebunden. Insofern gilt es, immer dann, wenn Kooperation zwischen

Kindergarten und Grundschule in das bisher übliche professionelle Handeln aufgenommen wird, einen Abgleich mit den Rahmenvorgaben der eigenen Institution zu vollziehen. Ziel ist nicht zuletzt, der Integrität des jeweiligen Bildungsauftrages Akzeptanz entgegenzubringen (Geene/Borowski 2009).

- Auf der Ebene der allgemeinen gesellschaftlichen und rechtlichen Bedingungen bzw. Beauftragungen von Schule und Kindergarten braucht es, um Gemeinsamkeiten als Potenziale zu erkennen, Abstimmungen in Bezug auf jene Aspekte, die für die Schule bzw. den Kindergarten verbindlich sind (s. z. B. Carle/Samuel 2007, S. 231 f.; Elfe 2007, S. 82):
- Richtlinien und Erlasse, vorgegebene Aufgaben und Ziele, Grundlagen der professionellen Tätigkeit von Lehrer/innen und Erzieher/innen, Pflichten
- Bedeutung der jeweiligen Trägerschaften
- gesetzliche Rahmenbedingungen der Lehr- und Fachkräfte als Arbeitnehmer/innen (z. B. Rechte, Bezahlung, Dienstzeiten, Qualifikation etc.)
- Öffnungszeiten, Zeitplanung, Raumnutzung
- Orientierungsplan bzw. Bildungsplan für Bildung und Erziehung in Kindergärten, Bildungsplan für Grundschulen

Tatsächlich stoßen in vielen der oben genannten Punkte »zwei Welten« aufeinander. Dabei gehören diese Unterschiede zu den kulturell verankerten Systemen »Schule« und »Kindergarten« und sind keine persönlichen Auslegungen oder können nicht selbstständig verändert werden.

Bei dem Bemühen darum, Gemeinsamkeiten als Arbeitsgrundlage für Kooperation herauszuarbeiten, muss das Trennende erkannt werden. Nur so lässt sich das Verbindende finden bzw. herstellen. Dazu gehört, im Kooperationskontext auftauchende Stolpersteine zu realisieren und zu benennen. Sie müssen dahingehend hinterfragt werden, ob, und wenn ja, wie sie selbsttätig aus dem Weg geräumt werden können oder ob sie durch Rahmenvorgaben verursacht werden, die einen eigenständigen Eingriff nicht erlauben.

Aus der Resilienzforschung und dem Copingkonzept ist bekannt, dass eine wichtige Bewältigungsstrategie von Belastungen darin besteht, der Lage mit realistischen Kontrollüberzeugungen zu begegnen. Kontrollüberzeugungen erlauben Unterscheidungen in Problemsituationen. Einerseits gilt es nämlich, herauszufinden, ob und wo ein aus eigener Kraft gesteuerter Einsatz für eine positive Wendung der Problemlage erfolgversprechend wäre. Andererseits muss geprüft werden, ob und wo ein selbst initiierter Eingriff keine Aussicht auf Erfolg hätte und stattdessen eine innere Distanzierung angebracht ist.

Hilfreich für realistische Kontrollüberzeugungen ist von daher, auf eine gute, überschaubare Bewertungs- bzw. Entscheidungsgrundlage zurückgreifen zu können (Wustmann 2004).

Erst auf dieser Basis können konstruktive Überlegungen dazu angestellt werden, welche Wege es gibt, mit Hindernissen zu verfahren und letztendlich Kompatibilität zwischen den Systemen Kindergarten und Schule mit ihren spezifischen Rahmensetzungen zu ermöglichen.

Ein Beispiel aus der Bildungshausarbeit: Die Taktung im Schulstundenrhythmus ist bei den meisten Bildungshausschulen gegeben. Selbst wenn sich die Erzieher/innen anstrengten, zusammen mit kleinen Kindern pünktlich zur zweiten Stunde zum verabredeten Schulbesuch zu kommen, konnte es sein, dass im letzten Moment eines der Kinder noch mal auf die Toilette musste. Also: Schnürstiefel aus, die Hilfe der Erzieherin oder des Erziehers war erforderlich. Alle warteten. Schneeanzug (weil gerade Winter ist) aus. Schneeanzug wieder an, Schnürstiefel wieder zu. Jetzt konnten sich alle auf den Weg machen und kamen schließlich doch zu spät. Die zweite Stunde hatte längst begonnen, und die Zeit für die Vorhaben beim Schulbesuch reichte kaum oder gar nicht aus.

Die Eile, die entstand, machte ärgerlich, gleichwohl war sie nicht zu vermeiden. Denn das System Schule ist darauf angewiesen, dass sich die involvierte Lehrkraft zu einer vorgegebenen Zeit wieder in den Zeittakt der Schule einklinkt. Anderenfalls entstünde ein Dominoeffekt: Andere Lehrer/innen könnten nicht abgelöst werden, Klassen blieben ohne Betreuung, der reguläre Unterrichtsablauf wäre nicht einzuhalten.

An den Bildungshausstandorten geschahen derlei Dinge natürlich auch immer wieder. Vielerorts lernte man daraus und versuchte, z. B. den Zeittakt betreffend, einen gemeinsamen Weg zu finden, d. h. die Systeme kompatibel zu machen. Unterschiedliche Lösungen, je nach Größe der Einrichtungen, aktueller personeller Ausstattung oder räumlicher Ressourcen, entstanden. So konnte z. B. in einer Schule ein Raum zur Verfügung gestellt werden, in dem die Kindergartenkinder »ankommen« und spielen konnten, bevor es mit den gemeinsamen Aktivitäten der Kindergarten- und Schulkinder losging. An einem anderen Standort wurde die Zeittaktung in der Schule für den Besuchstag der Kindergartenkinder ausgeschaltet, und die Betreuung und Unterrichtung der Schulkinder wurden insgesamt neu gestaltet und personell geplant. Nun entstanden hier keine Engpässe mehr, und es kam nicht mehr zur Eile. Wieder an einem weiteren Standort brachten die Eltern ihre Kinder zu abgesprochenen und akzeptierten Terminen morgens nicht in den Kindergarten, sondern gleich in die Schule. Der oftmals schwierige Weg mit einer Gruppe kleiner Kinder entfiel, und an diesem Standort klappte die Lösung zur Zufriedenheit aller gut.

Das Beispiel ist übertragbar auf andere Herausforderungen, bei denen es galt, Kompatibilität zwischen den unterschiedlichen Systemen herzustellen. Es knirschte möglicherweise in der Kooperationsbeziehung zwischen Kindergarten und Schule dann, wenn es um die Festlegung gemeinsamer Besprechungstermine ging.

Während Lehrer/innen einen großen Teil ihrer Arbeitszeit am heimischen Schreibtisch verbringen müssen, konnten sich Erzieher/innen erst nach Ende der Öffnungszeit des Kindergartens verabreden. Diese Problematik betraf ebenso Teilzeitkräfte im Kindergarten, die ihre Dienstzeit mittags beendeten und die für eine Teamsitzung den Weg zur Arbeitsstelle erneut in Kauf nehmen mussten.

Auch dazu haben die Bildungshausstandorte Lösungen gesucht. Besonders hilfreich waren langfristige Terminplanungen. Ebenso erwiesen sich folgende Punkte als förderlich: das bewusste Abwechseln von Belastungen für den einen oder den anderen, eine detaillierte Vorbereitung der Besprechungstermine durch einen benannten Verantwortlichen, die Benennung von Vertretern und nicht zuletzt die wiederholte gewissenhafte Prüfung, wie oft gemeinsame Termine wirklich stattfinden müssen. Gerade beim letzten

Punkt stellte sich oftmals heraus, dass ohne Schaden für die Kooperationsarbeit Aufgaben an einzelne Mitarbeiter/innen oder Kleingruppen delegiert werden konnten, um die Terminbelastung für alle zu mildern.

Entscheidend, so die Erfahrungen aus dem Bildungshausprojekt, war hier stets, dass die Suche nach Möglichkeiten, Kompatibilität zwischen den unterschiedlichen Systemen herzustellen, nicht damit einhergehen durfte, die Verschiedenheit moralisch zu bewerten, sondern sie als gemeinsame Aufgabe zu verstehen.

Thema 5

Kooperation – Kompatibilität

Die Kooperationsarbeit steht in Wechselbeziehung mit den Bedingungen, Aufträgen, Zielen und rechtlichen Vorgaben der Systeme Schule und Kindergarten

Schlüsselfragen

? **Was hat, im übergeordneten Sinn, Einfluss auf die Gestaltung von Kooperation?**

Wo brauchen wir Kompatibilität zwischen Kindergarten und Grundschule?

Empfehlungen für die Praxis

1  *Eröffnen Sie in Ihrer Institution den Mitarbeitern und Mitarbeiterinnen die Möglichkeit, im jeweils anderen System zu hospitieren.*

- Professionelle Logik des Praxisfelds der Kooperationspartner einschätzen und verstehen lernen

2  *Erlauben Sie Kooperationspartnern aus dem jeweils anderen System, in Ihrer Institution zu hospitieren.*

- Annäherung der Kooperationspartner an das eigene Praxisfeld
- Transparenz schaffen zwischen den Kooperationspartnern bzgl. der Alltagsrealität und der professionellen Herausforderungen in den beteiligten Institutionen

3  Schauen Sie sich die »Stolpersteine« der Kooperationspraxis genau an: Entstehen sie aus der Tatsache heraus, dass Schule Schule ist und Kindergarten Kindergarten? Oder resultieren sie aus dem beeinflussbaren Handeln der einzelnen Akteure?

Benennen Sie die Stolpersteine im Kooperationsteam genau, und fragen Sie, welche Möglichkeiten es gibt, sie aus dem Weg zu räumen oder sie zu umgehen. Stellen Sie fest, mit welchen Stolpersteinen Sie im Kontext der Kooperationsarbeit realistischerweise »einfach leben müssen«. Tun Sie das, und nehmen Sie das Gelingende in den Blick. Reflektieren Sie regelmäßig den Erfolg und die Nachhaltigkeit Ihrer Bemühungen, mit Stolpersteinen umzugehen. Legen Sie verbindliche Termine dafür fest.

- »Stolpersteine« der Kooperationspraxis benennen, deren Vermeidbarkeit bzw. Unvermeidbarkeit diskutieren und einschätzen
- Abhilfe für vermeidbare »Stolpersteine« finden und den Umgang mit dem Unvermeidbaren gestalten
- Festlegung von Terminen für Reflexionstreffen zum Umgang mit »Stolpersteinen« im Ablauf der Kooperationspraxis

Abb. 12: Themenblatt zur Kooperationspraxis 5 – Kompatibilität

4.6 Thema 6 – Verantwortung

Kooperation ist eine Dimension im Berufsalltag der Lehr- und Fachkräfte, die einer Neudefinition von Verantwortung für Leitung, Team und einzelne Beteiligte bedarf.

In Abschnitt 3.1 wurde berichtet, dass eine Herausforderung an die Lehr- und Fachkräfte im Bildungshausprojekt darin bestand, geeignete Kooperationsstrukturen aufzubauen. Das bedeutete nicht nur, Besprechungstakte festzulegen und logistische Probleme praktisch zu regeln, sondern vor allem auch, Verantwortlichkeiten für den neuen (Überschneidungs-)Bereich der pädagogischen Arbeit zu definieren. In den Bildungshausverbünden strukturierte man die neuen Aufgaben und Verantwortungsbereiche je nach den individuellen Bedingungen des Verbunds unterschiedlich.

Zu klären war beispielsweise, welche Funktion die Einrichtungsleitungen im Kooperationskontext haben und wie sie besetzt werden sollten. Sollte eine Einrichtungsleitung die Gesamtleitung mit allen Aufgaben inklusive der Repräsentationspflicht übernehmen? Oder sollte es eine »Doppelspitze« geben? Wo fängt die Leitungsarbeit im Kooperationsbündnis an, und wie wird sie abgegrenzt gegenüber dem Aufgabenbereich der jeweiligen Einrichtungsleitungen? Sollte die Bildungshausleitung gänzlich an eine von der Einrichtungsleitung unabhängige dritte Person delegiert werden? Oder böte sich das Einrichten einer Steuergruppe an, die Leitungsaufgaben übernehmen sollte? Oder wäre es auch denkbar, alle Mitglieder des Bildungshausteams in einem Kooperationsteam zusammenzufassen, das stets gemeinsam mehrheitlich sämtliche notwendigen Entscheidungen trifft und in gegenseitiger Abstimmung Leitungsaufgaben aufteilt? An vielen Bildungshausstandorten musste überlegt werden, auf welche Weise Kleinteams gebildet werden und welche Aufgaben, Rechte, Pflichten und Entscheidungsspielräume damit verbunden sein würden. Die Frage nach der Zuständigkeit für die Rückfragen von Eltern war z. B. für viele Bildungshausakteure sehr relevant.

In der Praxis tauchte also vielfältiger Regelungsbedarf auf. Dieser reichte von der Leitungsfrage bis hin zur Entscheidung, wer zu welcher Einrichtung einen Schlüssel erhält, damit z. B. gemeinsam genutzte Räume für eine Kindergruppe vorbereitet werden können oder Zugang zu einem bestimmten Materialschrank besteht, in dem gemeinsamer Besitz aufbewahrt wird.

In jeder Hinsicht war somit zu berücksichtigen, dass neu definierte Verantwortlichkeiten und Aufgaben die Doppelrolle (s. Abb. 13), in die sich die Akteure mit dem Beginn intensiver Kooperation begeben hatten, einbezogen. Sie erforderte nämlich, nicht nur aus der Perspektive der eigenen Institution heraus zu handeln, sondern den Kooperationskontext als neue Dimension professionellen Handelns stets mitzudenken (Van Santen/Seckinger 2003). Dies traf in besonderer Weise auf die Leitung zu, wie auch immer die Kooperationsverbünde diese gestalteten.

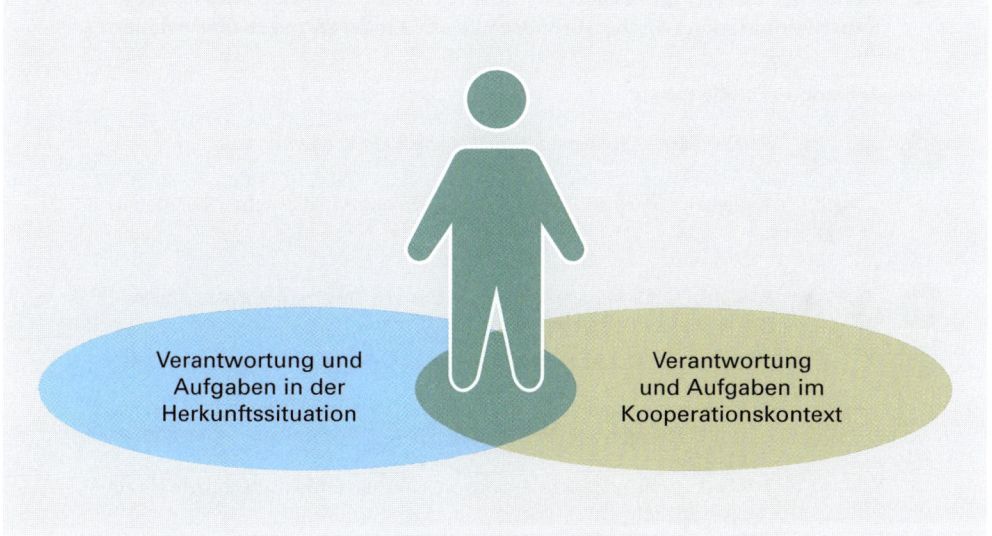

Abb. 13: Doppelrolle: Herkunftsinstitution und Kooperationskontext

Im Rahmen der Definition von Rollen, Aufgaben und Verantwortlichkeiten musste vorrangig die Leitungsfrage beantwortet werden. Hier standen die Einrichtungsleitungen in der Pflicht, Vorstellungen zu entwickeln, eine gemeinsame Entscheidung zu treffen oder ggf. Vorschläge ins Kooperationsteam zu tragen.

Die Lösungen zu den Fragen »Wer hat welche Aufgaben im Kooperationskontext?« und »Wer ist im Kooperationskontext für was verantwortlich?« waren zudem in hohem Maß davon abhängig, wie der Kooperationsverbund beschaffen war, sowie von den konkreten Vorhaben, die sich aus gemeinsamen Ansprüchen und Zielen ergaben.

Kooperation – Verantwortung

Kooperation ist eine Dimension im Berufsalltag der Lehr- und Fachkräfte, die einer Neudefinition von Verantwortung für Leitung, Team und einzelne Beteiligte bedarf

Schlüsselfragen

 Was bedeutet es für die Leitung, das Gesamtteam, die Kleinstteams bzw. Tandems und für die einzelne Lehr- oder Fachkraft, Verantwortung für die Intensivkooperation zwischen Grundschule und Kindergarten zu übernehmen?

Empfehlungen für die Praxis

1  *Erstellen Sie ein Organigramm für Ihren Kooperationsverbund.*

 ● Gemeinsam einen Überblick gewinnen und Funktionsebenen benennen

2  *Benennen Sie für jede Ebene Aufgaben und Verantwortlichkeiten, und halten Sie die Ergebnisse im Organigramm fest.*

(Aktualisieren Sie das Organigramm ggf. im Verlauf des Kooperationsprozesses.)

 ● Transparenz schaffen zwischen den Kooperationspartnern bzgl. der Rechte und Pflichten einzelner Personen bzw. spezieller Gruppen im Kooperationsteam
● Klärung von Aufgaben, Verantwortlichkeiten und Ansprechpartnern auf allen Ebenen
● Personenunabhängige Zuordnung von Aufgaben und Verantwortlichkeiten
● Übersetzung und Darstellung der Ergebnisse aus den Punkten 1 und 2 in eine für alle Teammitglieder stimmige und annehmbare Darstellung

3 *Vereinbaren Sie begleitend zur Kooperationsarbeit regelmäßige Reflexionstreffen, in denen überprüft wird, ob sich die Definitionen von Aufgaben und Verantwortlichkeiten in der Alltagspraxis bewähren, ob Aufgaben unberücksichtigt blieben oder ob Veränderungen vorgenommen werden müssen.*

 ● Regelmäßige Reflexion über und Aktualisierung von Aufgaben und Verantwortlichkeiten
● Festlegung von Terminen für Reflexionstreffen zum Umgang mit Aufgaben und Verantwortlichkeiten

Abb. 14: Themenblatt zur Kooperationspraxis 6 – Verantwortung

4.7 Thema 7 – Gestaltung

Durch die Intensivkooperation entsteht eine Schnittstelle gemeinsamer professioneller Arbeit, die sich durch spezifische fachliche Ansprüche, Gestaltungsformen und Rituale erst konstituiert.

Wenn Lehr- und Fachkräfte aus Kindergarten und Grundschule eine intensive Kooperation in Gang setzen wollen, bringen sie verschiedene Kenntnisse und Vorstellungen mit. Diese sind einerseits geprägt von den eigenen biografischen Erfahrungen mit Kindergarten und Schule, andererseits von der aktuellen professionellen Tätigkeit, die wiederum von individuellen Überzeugungen und spezifischen Haltungen bestimmt wird.

Berufsbezogene Überzeugungen und Haltungen einzelner Lehr- und Fachkräfte besitzen deshalb Bedeutung, weil diese, wenn auch individuell geprägt, so doch in der jeweils eigenen Herkunftsinstitution allgemein wichtig sind. Sie helfen nämlich dabei, den beruflichen Alltag mit seinen Herausforderungen und Aufgaben zu meistern und einen pädagogischen Anspruch zu verfolgen, der den Kindern und deren Entwicklung nützt. Sie helfen auch, in diesem Alltag Routinen zu entwickeln, Abläufe zu gestalten und wiederkehrende Arbeiten nicht immer neu denken zu müssen, sondern sie in sicherer, gleichbleibender Qualität erledigen zu können. Routinen stellen somit eine sichere Basis dar und machen darüber jenen Anteilen des Berufes Platz, die Umdenken, neue Ideen, Veränderungen und innovatives Erproben brauchen. Das wiederum dient einer ständigen Qualitätsentwicklung.

Die Herausforderung von Kooperation zwischen zwei oder mehreren Institutionen (Schule und Kindergärten), der sich deren Angehörige gegenübersehen, ist, dass es für die Schnittstelle der gemeinsamen Arbeit zunächst noch keine Routinen gibt. Gleichzeitig können aus den Herkunftsorganisationen mitgebrachte Kenntnisse und Vorstellungen oder auch biografische Erfahrungen nur bedingt nützlich sein. Sie sind, das zeigt sich schnell, wenn unterschiedliche Vorstellungen aufeinanderstoßen, nicht eins zu eins übertragbar auf den Schnittstellenbereich, der durch die Kooperation geschaffen wird.

Sowohl im Kindergarten als auch in der Schule ist die Alltagspraxis weitgehend geklärt. Lehr- und Fachkräfte in Schule und Kindergarten wissen, »wie Schule, wie Kindergarten geht« und welche Aufgaben dazugehören. Durch Kooperation entsteht eine neue Dimension professioneller Arbeit. Sie, so muss realisiert werden, kann und sollte weder »wie Kindergarten« noch »wie Schule« sein. Kooperationsarbeit im Schnittstellenbereich zwischen zwei Institutionen beinhaltet völlig andere Herausforderungen. Völlig andere Fragestellungen werden aufgeworfen, und gänzlich neue Routinen sind zu entwickeln. Das betrifft sowohl die konkrete pädagogische Arbeit mit den Kindern als auch die Strukturen und Formen der Leitungs- und Teamarbeit und darüber hinaus die Zusammenarbeit mit Eltern, Trägern und weiteren wichtigen Beteiligten.

Thema
7

Kooperation – Gestaltung

Durch die Intensivkooperation entsteht eine Schnittstelle gemeinsamer professioneller Arbeit, die sich durch spezifische fachliche Ansprüche, Gestaltungsformen und Rituale erst konstituiert

Schlüsselfragen

 Welche Aspekte machen den Kooperationsbereich in unserem praktischen Alltag zu einer Schnittstelle gemeinsamer professioneller Arbeit?

Empfehlungen für die Praxis

1  In Kindergarten und Schule sind Routinen und Rituale vor allem an Inhalte und an Zeiten wie z. B. das Kindergarten- und das Schuljahr gebunden. Übertragen Sie dies auf den Schnittstellenbereich, der durch Kooperation entsteht.

Benennen Sie im Team Ihre inhaltlichen Schwerpunkte im Kontext der Intensivkooperation, z. B. »gegenseitige Besuche der Kinder«, »gemeinsame Projekte mit Kindern«, »Zusammenarbeit mit Eltern in gemeinsamer Verantwortung«, …

- Setzen von Schwerpunkten bei der inhaltlichen Arbeit im Kooperationsteam

2 *Überlegen Sie für jeden Schwerpunkt, welche Zeit im Schul- und im Kindergartenjahr für dessen Verwirklichung sinnvoll ist.*

Überlegen Sie, was wie häufig nach welchem Prozedere und mit welchen Beteiligten stattfinden soll.

- Zeitliche Verortung der inhaltlichen Schwerpunkte aus Punkt 1
- Format- und Ablaufplanung der inhaltlichen Schwerpunkte zur Umsetzung in die Alltagspraxis

3  *Tragen Sie Ihre Vorhaben in einen »vorläufigen Kooperationskalender« (Jahreskalender) ein. Diskutieren Sie im Kooperationsteam, ob Sie die Planung für leistbar halten. Streichen Sie ggf. anschließend Vorhaben, und begründen Sie die Streichungen gemeinsam.*

- Zeitlichen Überblick gewinnen und langfristige Planbarkeit für alle beteiligten Institutionen herstellen
- Abgleich zwischen Kooperationsvorhaben und Leistbarkeit auf der Ebene des Kooperationsverbunds

4  *Gleichen Sie den »vorläufigen Kooperationskalender« im Team der eigenen Institution mit den Erfordernissen, Abläufen und Ritualen im Jahreslauf Ihrer Einrichtung ab. Passt das?*

Können Sie Ihre Einschätzung zur Leistbarkeit aufrechterhalten?

*Können Sie vorausschauend Maßnahmen planen, um die Leistbarkeit zu ge-
währleisten?*

 ● Abgleich zwischen Kooperationsvorhaben und Leistbarkeit auf der Ebene
der jeweils eigenen Institution

5  Machen Sie sich entsprechend Ihren jeweiligen Verantwortlichkeiten an
die inhaltliche Ausgestaltung Ihrer Vorhaben. Viel Spaß!

Verändern oder bestätigen Sie gemeinsam den Kooperationskalender.

*Verabreden Sie einen festen Zeitpunkt, an dem Sie seine Umsetzung reflek-
tieren und an dem Ihnen genug Zeit bleibt, die Erfahrungen in die nächste
Jahresplanung einzubeziehen.*

(Aktualisieren Sie den Kooperationskalender jährlich.)

 ● Erstellung eines verbindlichen Kooperationskalenders für ein Jahr
● Festlegung eines Termins für ein Reflexionstreffen
1. zur Frage nach Erfahrungen der gemeinsamen inhaltlichen Arbeit
2. zur Frage nach der Praktikabilität/Leistbarkeit
3. zur Frage nach notwendigen Veränderungen des Kooperationskalender

Abb. 15: Themenblatt zur Kooperationspraxis 7 – Gestaltung

4.8 Thema 8 – Umfeld

*Die Kooperationsarbeit steht in Wechselbeziehung mit dem Umfeld der beteiligten Insti-
tutionen: Eltern, Trägern, weiteren Mitverantwortlichen und regionalen Akteuren.*

Es ist, so zeigt die Erfahrung aus dem Bildungshausprojekt, nicht zu leugnen: Kooperation kostet Zeit, bringt Herausforderungen, auch Probleme, Ärgernisse, kurz, völlig neue
Regelungsbedarfe mit sich. Der Alltag in Kindergarten und Schule, dessen Bewältigung
ohnehin eine anspruchsvolle, von Ungewissheit geprägte Aufgabe (Rabe-Kleberg 1996)
ist, wird noch komplexer.

Viele der Bildungshausteams versuchten, ihrer Kooperationsarbeit einen Schub zu
verleihen, indem sie pädagogische Tage, Klausuren oder Workshops abhielten. Sie baten
sich Zeit aus, um ungestört miteinander arbeiten zu können. Das war möglich, wenn
dies von den Trägern gestattet wurde. Manchmal waren damit Lücken in der Unter-
richts- oder Kindergartenbetreuung verbunden. Das hieß, dass Eltern wissen mussten,
worum es den Teams ging. Bestenfalls erreichte man ihr Einverständnis.

Neben diesen eher außergewöhnlichen Situationen ergaben sich auch solche, die Mithilfe erforderten. So hatten manche Kindergruppen Wegstrecken zwischen Kindergarten und Schule zu überwinden. Für eine rechtlich sichere Begleitung jedoch reichte das
Stammpersonal z. B. des Kindergartens allein nicht aus. Oft halfen dann engagierte Eltern.

Ebenso boten sie ihre Mithilfe im Rahmen größerer Projekte und Aktionen an. Mancherorts konnten auch andere Personen und Institutionen wie z. B. Fachberaterinnen, Sprachförderkräfte, Fachdienste der Region oder Vereine dafür gewonnen werden, sich unterstützend einzubringen. Oftmals bewährten sich dabei bereits lang bestehende Partnerschaften.

Im Resümee ist festzustellen, dass es ohne Akzeptanz und Unterstützung von außen schlechter oder sogar gar nicht gelänge, sich als Kooperationsteam dafür einzusetzen, eine neue Qualität von Übergangsbegleitung und Zusammenarbeit zwischen Kindergarten und Schule herzustellen. In der wissenschaftlichen Literatur wird dies immer wieder bestätigt (Carle/Samuel 2007; Samuel 2009). Für die Kooperationsarbeit ist es elementar, vorausschauend zu handeln und im direkten und weiteren Umfeld der beteiligten Einrichtungen parallel zu den allerersten gemeinsamen Schritten um Akzeptanz und Unterstützung zu werben (Van Santen/Seckinger 2003).

Im Zuge dessen ist es einen Versuch wert, neue Unterstützer anzusprechen und sie einzuladen, die Kooperationsinitiative zu stärken (Griebel 2003). Dabei wollen Träger, Elternbeiräte, Eltern und andere potenzielle Unterstützer zum Vorhaben selbst frühzeitig gut informiert sein. Das erwies sich im Bildungshausprojekt durchgängig als unabdingbare Voraussetzung dafür, sie für das Vorhaben zu gewinnen, und dafür, dass sie dem Kooperationsteam schließlich als Unterstützungssystem mit Bereitschaft zur Seite stehen.

Gleichermaßen wichtig ist, Beziehung zu diesem Unterstützungssystem kontinuierlich zu pflegen. Regelmäßige Rückmeldungen zum Fortgang der Arbeit, zu Erfolgen, zukünftigen Planungen und Schwierigkeiten bedürfen einer verlässlichen Form, die die Einbindung der Unterstützer sichert.

Kooperation – Umfeld

Die Kooperationsarbeit steht in Wechselbeziehung mit dem Umfeld der beteiligten Institutionen: Eltern, Trägern, weiteren Mitverantwortlichen und regionalen Akteuren

Schlüsselfragen

 Wo und bei wem muss um Akzeptanz und Unterstützung für die Kooperationsarbeit geworben werden?

Empfehlungen für die Praxis

  Reflektieren Sie, wer für Ihre Einrichtung als Unterstützer wichtig war und wichtig sein wird.

Wessen Akzeptanz gegenüber den Kooperationsbestrebungen ist für Sie unverzichtbar?

Wen würden Sie gern neu dazugewinnen?

Schreiben Sie Ihre potenziellen Unterstützer auf jeweils eine Karte, die als aus Ihrer Einrichtung kommend gekennzeichnet ist.

● Unterstützung wahrnehmen und neue Unterstützer suchen

 **2** *Stellen Sie einander im Kooperationsteam Ihre jeweiligen »Unterstützer-karten« vor, und begründen Sie Ihre Auswahl an aktuellen und erwünschten Unterstützern.*

Sichten Sie die Unterstützerkarten, und sortieren Sie sie nach Zielgruppen. Zeichnen Sie eine Skizze Ihres Unterstützungssystems.

(Aktualisieren Sie die Skizze Ihres Unterstützungssystems ggf. im Verlauf des Kooperationsprozesses.)

 ● Transparenz schaffen zwischen den Kooperationspartnern im Hinblick auf Unterstützungspotenziale bzw. potenzielle Unterstützer für die Kooperationsarbeit
● Übersetzung der Ergebnisse aus Punkt 2 in einen für alle Teammitglieder stimmigen Überblick

 **3** *Sammeln Sie Ideen: Auf welche Weise kann bei welcher Zielgruppe um Akzeptanz und Unterstützung geworben werden? Welche Form der Außendarstellung würde dazu beitragen?*

Wählen Sie gemeinsam Erfolg versprechende Schritte aus, Ihre Ideen umzusetzen, und vereinbaren Sie, wer was wann konkret zur Umsetzung beiträgt.

 ● Unterstützung und Unterstützer für die Kooperationsarbeit gewinnen
● Formen der Außendarstellung und Öffentlichkeitsarbeit diskutieren

 **4** *Dokumentieren Sie Ihre Bemühungen um Unterstützung, und aktualisieren Sie die Skizze Ihres Unterstützungssystems. Veröffentlichen Sie die Ergebnisse auf eine für Ihren Kooperationsverbund angemessene Weise.*

 ● Unterstützung und Unterstützer der Kooperationsarbeit öffentlich würdigen

Abb. 16: Themenblatt zur Kooperationspraxis 8 – Umfeld

4.9   Thema 9 – Komplexität

Kooperation ist ein komplexer, von vielen Seiten beeinflusster Prozess, der nicht aufhört, sich auf dem Kontinuum zwischen Gelingen und Misslingen zu bewegen.

Van Santen und Seckinger (2003) befassen sich in ihrem Buch »Kooperation: Mythos und Realität einer Praxis« mit der Begriffsklärung von »Kooperation«. Sie verweisen darauf, dass ein Weg, den Begriff einzuschätzen, darin besteht, Kooperation als Kontinuum zwischen einem positiven und einem negativen Pol zu verstehen. Diese Perspektive nimmt auch Maykus (2011) ein.

In der Bildungshausbegleitung erwies sich diese Sicht auf den Kooperationsprozess als hilfreich. Denn es zeigte sich, dass zwar unterschiedliche Teilaspekte des Gelingens zu Kooperation dazugehören, dass diese aber in den Standorten aus mannigfaltigen Gründen nicht gleichermaßen schnell und gut entwickelt wurden oder werden konnten.

Somit kann ganz allgemein die Erkenntnis als bedeutsam gelten, dass Gelingensfaktoren sich in Kooperationsprozessen zwischen Kindergärten und Schulen nicht als feste Größen erweisen, die in einem Kooperationsbündnis vorhanden sind oder gänzlich fehlen. Gelingensfaktoren wie z. B.:

- Beziehungsqualität
- Beteiligung
- Organisation
- Leitungshandeln
- Vorerfahrungen

bewegen sich im Kooperationsalltag vielmehr irgendwo zwischen einer maximal negativen und einer maximal positiven Ausprägung.

Beispiele

Fragestellung: Inwieweit gelingt es den Kooperationspartnern, in gegenseitiger Achtung sowohl auf persönlicher als auch auf professioneller Ebene zu interagieren? Inwieweit gelingt es, Ansprüche auf Dominanz der eigenen professionellen Logik zu unterbinden und Gleichwertigkeit als Handlungsmaxime zu kultivieren?

Fragestellung: Inwieweit gelingt es den Kooperationspartnern, das jeweilige Gesamtteam an der Kooperation der Institutionen teilhaben zu lassen? Inwieweit gelingt es, Formen des Austauschs und der Informationsweitergabe zu finden, durch die auch diejenigen Teammitglieder eingebunden werden, die im pädagogischen Alltag nicht unmittelbar an der Kooperation beteiligt sind?

Fragestellung: Inwieweit gelingt es den Kooperationspartnern, in gemeinsamer Absprache Strukturen zu schaffen, die den Kooperationsprozess steuern können? Inwieweit gelingt es, die von allen anerkannten Strukturen zur Steuerung sowohl auf die gemeinsamen inhaltlichen als auch organisatorischen Aufgaben anzuwenden?

Leitungshandeln

konstruktives Leitungshandeln　　　　　　　　destruktives Leitungshandeln

Fragestellung: Inwieweit gelingt es den autorisierten Leitungen der kooperierenden Institutionen, die Erfordernisse der Leitungsarbeit innerhalb der Herkunftsinstitution konstruktiv mit denen auf dem Feld der Kooperation zu verbinden? Inwieweit gelingt es, die Kooperation zu stützen, ohne dass die Identifikation mit der Herkunftsinstitution und die Verantwortung für sie darunter leidet?

Vorerfahrungen

vorhandene Kooperationserfahrungen　　　　fehlende Kooperationserfahrungen

Fragestellung: Inwieweit gelingt es den Kooperationspartnern, vergangene Kooperationserfahrungen zu reflektieren und daraus positive Impulse für den aktuellen Kooperationsprozess zu entwickeln? Inwieweit gelingt es, Kraft aus positiven Erfahrungen abzuleiten und auch aus negativen oder bisher fehlenden Erfahrungen Motivation für die Kooperationsarbeit zu ziehen?

Die Beobachtungen im Bildungshausprojekt wiesen nach, dass sich die Kooperationsteams in jeweils individueller Weise zwischen den Polen bewegten. Dabei befanden sie sich nicht in allen Teilaspekten des Gelingens in gleicher Nähe zum positiven Pol. Vielmehr verliefen die Annäherungen an die positiven Pole in den verschiedenen Bereichen in unterschiedlicher Geschwindigkeit und Nachhaltigkeit. Das heißt, dass in jedem Bereich innerhalb des Kooperationsprozesses sowohl Fort- als auch Rückschritte möglich waren. Diese wurden beeinflusst sowohl durch förderliche Impulse als auch durch Irritationen variierender Qualität. Es kam über die Zeit zu Vorwärts- wie Rückwärtsbewegungen auf dem Kontinuum zwischen den beschriebenen Polen. Rück- und Fortschritte im Kooperationsprozess wurden also auch durch indirekte Einflussfaktoren moderiert.

Beispiele
- *Rahmenbedingungen*
  Indirekter Einfluss: Wie beschwerlich und aufwendig ist es, gemeinsame Ziele im pädagogischen Alltag umzusetzen? Gibt es besondere Hürden, z. B. lange Wege, zwischen den Institutionen? Gibt es gute räumliche und materielle Bedingungen?

- *Angemessenheit der Investitionen*
  Indirekter Einfluss: Ergeben sich zu bewältigende Belastungen durch die Umsetzung gemeinsamer Ziele? Wer ist von den Belastungen betroffen, und kann eine als gerecht empfundene Verteilung der Belastungen hergestellt werden? Kann Ausgewogenheit geschaffen werden zwischen den Zielen der Intensivkooperation und den Aufträgen der jeweiligen Institutionen Schule und Kindergarten?

- *Akzeptanz von außen*
  Indirekter Einfluss: Welcher Grad von Akzeptanz für die Ziele der Kooperation wird den Partnern aus beiden Institutionen von außen entgegengebracht? Wie unterstützen Träger, Politiker, Eltern und Öffentlichkeit die Zielsetzungen sowohl auf der Ebene der Haltung dem Projekt gegenüber als auch durch konkrete praktische Hilfen?

- *Irritierende Vorkommnisse*
  Indirekter Einfluss: Gibt es Vorkommnisse oder Einschnitte im Verlauf des Kooperationsprozesses, die die Erfolgserwartungen, die Handlungssicherheit oder die Akzeptanz der Teams für die Zielsetzungen der Kooperation irritieren oder untergraben? Erweisen sich praktische Lösungen als untauglich? Werden die Kooperationspartner mit Leitungswechseln, Erkrankungen, dem Ausscheiden von Schlüsselpersonen, Änderungen oder speziellen Anforderungen von administrativer Seite her konfrontiert?

Solche indirekten Einflussfaktoren wirkten sich also möglicherweise auf das Gelingen von Kooperationsprozessen aus.

In der Literatur wie in öffentlichen Fachdiskussionen wird immer wieder »Kooperation auf Augenhöhe« als grundlegende Voraussetzung für das Gelingen der Zusammenarbeit zwischen Fach- und Lehrkräften aus Kindergarten und Schule genannt. Die Betrachtung der Komplexität von Kooperationsprozessen allerdings machte mehr als deutlich, dass die viel beschworene Schlüsselvoraussetzung einer Kooperation in Gleichberechtigung, die »Kooperation auf Augenhöhe«, für ein tieferes Verständnis bei Weitem zu kurz greift.

Für alle, die sich auf den Weg hin zu einer intensiven Kooperation machen oder sich auf dem Weg befinden, ist also wichtig: Ob die Dinge gelingen, liegt nicht allein an der Beziehungsgestaltung, an der Dialogbereitschaft, der Motivation und dem Interesse der Akteure. Wenngleich diese Aspekte eine tragende Funktion innerhalb von Kooperationsprozessen besitzen, muss Gelingen oder Misslingen stets im Kontext der gesamten Einflüsse gesehen werden. Diese Komplexität kann gut durch das Bild eines Mobiles veranschaulicht werden (Abb. 17): Ist in einem Bereich die Balance zwischen den Polen noch nicht gefunden oder ergibt sich durch Rückschritte, spezifische Irritationen eine Dysbalance, so wird das gesamte Gebilde beeinflusst.

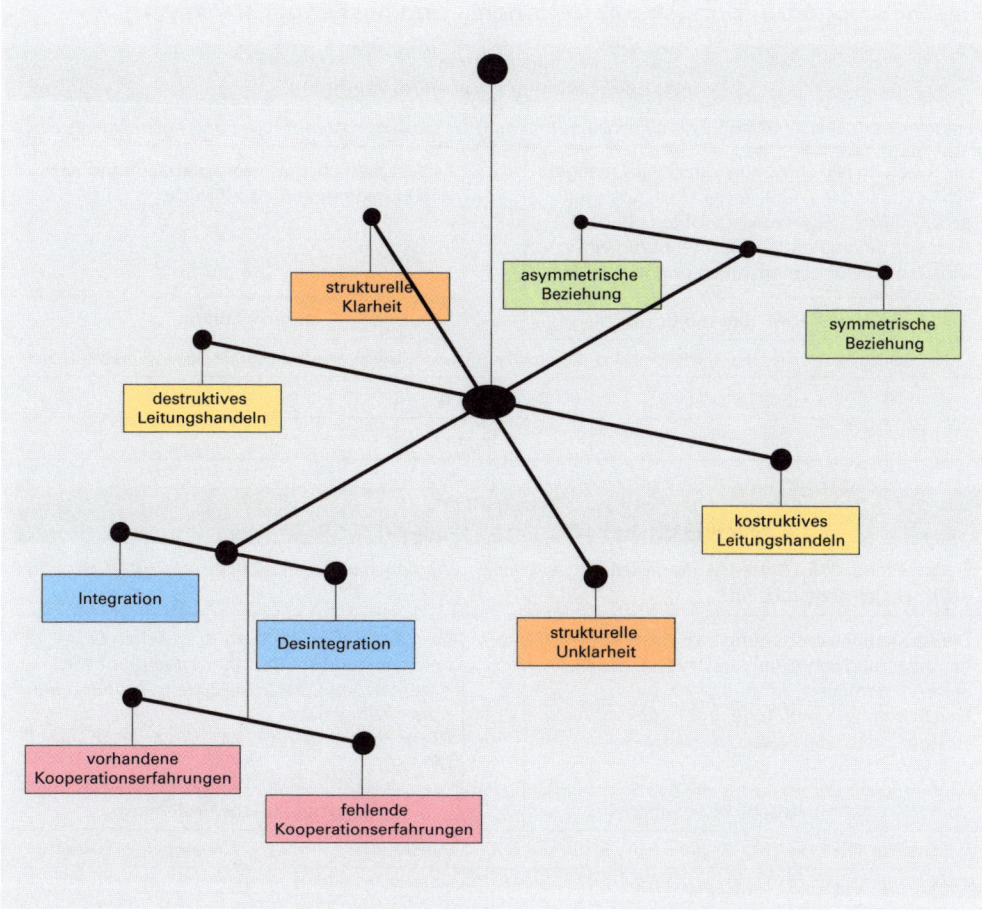

Abb. 17: Komplexität im Kooperationsprozess

Die Prozessbegleitungen im Bildungshausprojekt nutzten diese Sichtweise, um den Stand der Kooperationsarbeit zu evaluieren. Dafür wurden die Kernbereiche von Gelingen bzw. Misslingen, eng angelehnt an die Prozessdokumentationen und deren Auswertung, herausgearbeitet.

Auf dieser Grundlage wurde im ZNL ein Einschätzbogen entwickelt, der in den Bildungshausstandorten aus der Sicht der Prozessbegleiter/innen wie von Lehr- und Fachkräfte ausgefüllt wurde. Er nahm die oben skizzierten Gelingensfaktoren in den Blick und bot damit die Chance, sich einerseits des eigenen Standorts bewusst werden zu können, andererseits die Bereiche zu erkennen, die verbessert oder verändert werden sollten. Er bot auch die Chance, realistisch einschätzen zu können, in welchen Themenfeldern eigene Anstrengungen des Kooperationsteams Erfolg versprechend sein könnten und wo unbeeinflussbare Strukturen eine Rolle spielen.

Abbildung 18 zeigt eine Auswahl von im Einschätzbogen behandelten Themen.

Einschätzbogen/Bildungshaus: Gelingens- und Misslingensfaktoren

Beispielitem 1
negative Stimmung < > positive Stimmung

Fragestellung: *Wie schätzen Sie die allgemeine Stimmung der am Bildungshausprojekt beteiligten Akteure ein?*

Die Arbeit im Bildungshausprojekt wird maßgeblich beeinflusst von Schwierigkeiten, Spannungen, Konflikten, Belastungsgefühlen oder z. B. auch von der quälenden Wahrnehmung einer Disbalance zwischen Anspruch und Wirklichkeit.	< ? >	Es bestehen nach wie vor spürbar Begeisterung und Engagement für das Projekt.
negative Stimmung		positive Stimmung

Bitte kreuzen Sie zwischen -1- (negativer Pol) und -10- (positiver Pol) an, wie Ihre momentane Einschätzung bzw. Ihr Erleben ist.

1	2	3	4	5	6	7	8	9	10

Beispielitem 2
asymmetrische Beziehung < > symmetrische Beziehung

Fragestellung: *Wie schätzen Sie die Beziehung zwischen Erzieher/innen und   Lehrer/innen hinsichtlich der gegenseitigen Akzeptanz ein?*

Die Kooperationsbeziehung zwischen Erzieher/innen und Lehrer/innen wird von einer Seite her dominiert. Eine Begegnung »auf Augenhöhe« gelingt nicht.	< ? >	Die Kooperationsbeziehung zwischen Erzieher/innen und Lehrer/innen ist geprägt von Akzeptanz und Gleichwertigkeit; sie findet »auf Augenhöhe« statt. Die gegenseitige professionelle Anerkennung ist groß.
asymmetrische Beziehung		symmetrische Beziehung

Bitte kreuzen Sie zwischen -1- (negativer Pol) und -10- (positiver Pol) an, wie Ihre momentane Einschätzung bzw. Ihr Erleben ist.

1	2	3	4	5	6	7	8	9	10

Beispielitem 3
destruktives Leitungshandeln < > konstruktives Leitungshandeln

Fragestellung: *Wie schätzen Sie die Unterstützung der Bildungshausarbeit vonseiten der Leitungen ein?*

Die Leitungen der kooperierenden Einrichtungen stehen nicht deutlich unterstützend zur Arbeit im Bildungshausprojekt. Das Leitungshandeln blockiert die praktische pädagogische Arbeit und die Kooperation.	< ? >	Die Leitungen der kooperierenden Einrichtungen stützen die Kooperation im Bildungshausprojekt auf konstruktive, für alle hilfreiche Weise. Sie behalten gleichzeitig die Belange der Herkunftsinstitutionen gut im Blick.
destruktives Leitungshandeln		konstruktives Leitungshandeln

Bitte kreuzen Sie zwischen -1- (negativer Pol) und -10- (positiver Pol) an, wie Ihre momentane Einschätzung bzw. Ihr Erleben ist.

1	2	3	4	5	6	7	8	9	10

Abbildung 18: Beispielitems aus dem Einschätzbogen zum Bildungshausprojekt: Gelingens- und Misslingensfaktoren

 **Thema 9**

Kooperation – Komplexität

Kooperation ist ein komplexer, von vielen Seiten beeinflusster Prozess, der nicht aufhört, sich auf dem Kontinuum zwischen Gelingen und Misslingen zu bewegen

Schlüsselfragen

? **Wie lässt sich die Dynamik des Kooperationsprozesses überschauen?**

Wie können wir destruktive Einflüsse ausmachen und Veränderungsimpulse setzen?

Empfehlungen für die Praxis

1  *Reflektieren Sie: Woran erkennen Sie das Gelingen Ihrer Kooperationsbemühungen?*

Formulieren Sie Ihre Indikatoren für Gelingen.

 ● Erfahrungen mit der Kooperationsarbeit auswerten, Indikatoren für ihr Gelingen herausarbeiten

2  *Erstellen Sie einen Einschätzbogen, basierend auf Ihren Gelingensindikatoren. Auf diesem Bogen wird für jeden Indikator ein Kontinuum zwischen »gelingt« und »misslingt« abgebildet. Als Orientierung können Ihnen die Ausschnitte aus dem Einschätzbogen zum Bildungshausprojekt (S. 58 im Buch) dienen.*

 ● Entwicklung eines auf Ihre spezielle Kooperationsarbeit ausgerichteten Einschätzbogens zur Erkundung der Bereiche, die gelingen bzw. die der Verbesserung bedürfen

3  *Bearbeiten Sie im Kooperationsteam den auf Ihr Netzwerk zugeschnittenen Einschätzbogen, und werten Sie ihn gemeinsam aus.*

Reflektieren und diskutieren Sie notwendige weitere Schritte, um Ihr Kooperationsbündnis weiterzuentwickeln oder ggf. Veränderungsimpulse zu setzen.

 ● Impulse setzen für die Qualitätsentwicklung und -sicherung Ihrer Intensivkooperation

Abb. 19: Themenblatt zur Kooperationspraxis 9 – Komplexität

4.10 Thema 10 – Nutzen

Kooperation soll den Kindern, deren Familien sowie den Lehr- und Fachkräften nützen und dabei helfen, pädagogische Qualität fortzuentwickeln.

Dachte man früher, dass ein Kind irgendwann *Schulreife* erlangt und dann im besten Fall zur Einschulung punktgenau mit dem schulischen Lernen zurechtkommen kann, sagen wissenschaftliche Erkenntnisse heute, dass das Erlangen von *Schulfähigkeit* ein Prozess ist, der lange vor der Einschulung beginnt und weit in die Grundschulzeit hineinreicht (Kammermeyer 2001, 2005).

Griebel und Niesel (2004) beschreiben diesen Prozess als zeitlich begrenzten Lebensabschnitt, der markante Veränderungen hervorrufen kann. Es handelt sich um einen komplexen Wandlungsprozess, der wichtige Entwicklungsaufgaben beinhaltet und innerhalb dessen es zu einer Kumulation unterschiedlicher Belastungsfaktoren kommt. Starke Emotionen wie Vorfreude, Neugier, Stolz aber auch Unsicherheit, Anspannung, Belastung, Verlustgefühle, Angst sind zu bewältigen. Das Kind braucht die Grundüberzeugung, den anstehenden Veränderungen nicht machtlos ausgeliefert zu sein und sich aktiv einbringen zu können. Voraussetzung für eine positive Bewältigung ist nicht zuletzt, den zukünftigen Lebensraum »Schule« im Sinne räumlicher wie sozialer Orientierung kennen- und einschätzen zu lernen. Gleiches gilt für die Eltern eines zukünftigen Schulkindes (Griebel/Niesel 2004; Kammermeyer 2001, 2005).

Eine intensive Kooperation zwischen Kindergarten und Grundschule kann als Voraussetzung dafür betrachtet werden, eine positive Bewältigung des Übergangs zu unterstützen. Gleichwohl ist dies keine Aufgabe, die man, ohne dass sie Spuren hinterlassen würde, in das pädagogische Aufgabenspektrum aufnehmen kann. Die bis hierher dargestellten zentralen Themen geben ein eindrückliches Bild dazu, die Fachliteratur spiegelt dies gleichermaßen wider. So übertitelt beispielsweise Seckinger (2010) seinen Beitrag in dem Buch »Wie viel Schule verträgt der Kindergarten?« von Diller, Leu und Rauschenbach (2010) zu Recht mit: »Kooperation zwischen Kindergarten und Grundschule: kein einfaches Unterfangen«.

Sich nun als Team eines Kindergartens oder als Kollegium einer Grundschule dennoch diesem, wie Seckinger (2010) es benennt, nicht einfachen Unterfangen zu stellen wurzelt in der Absicht, den Kindern, deren Familien und den Lehr- und Fachkräften zu nützen: Es wurzelt in der Einsicht und pädagogischen Überzeugung, damit einen bestmöglichen Weg der Entwicklungsbegleitung und Unterstützung anvertrauter Kinder einzuschlagen. Kooperationsbeziehungen haben also keineswegs lediglich einen Selbstzweck, sie werden vielmehr im Dienste eines übergeordneten fachlichen Interesses in Gang gesetzt.

Obwohl fachlich sicher nicht an dem potenziellen Nutzen intensiver Kooperation zwischen Kindergarten und Grundschule gezweifelt werden kann, offenbarte die prozessbegleitende Arbeit im Bildungshausprojekt, dass es in der Praxis angebracht ist, die Verwirklichung doch immer wieder kritisch zu hinterfragen.

Das beginnt am besten schon vor dem Einstieg in den Kooperationsprozess. Der Nutzen konnte sich nämlich nur dann ungehindert entfalten, wenn diese Aktivität nicht an anderen Stellen störte oder sogar schadete. Wertvolle weitere Initiativen pädagogischer Arbeit, die sich längst in Kindergärten und Schulen etabliert hatten, wie z. B. Sprachförderprogramme, Sozialtrainings, spezielle Angebote für Kinder mit Migrationshintergrund, die Integration behinderter Kinder, Aktivitäten im Rahmen von Bewegung, Musik, gesunder Ernährung, Theater, Naturwissenschaften, Kunst und anderes mehr, sollten nicht von den Anstrengungen um Kooperation in Mitleidenschaft gezogen werden.

Das geschieht aber leider immer dann, wenn

1. die Endlichkeit von Ressourcen (Zeit, Geld, Raum, Material, »Platz in den Herzen der Lehr- und Fachkräfte«) nicht mitgedacht wird,
2. neue innovative Aktivitäten lediglich auf die bereits bestehenden Verpflichtungen aufgestapelt werden, ohne die Leistbarkeit mit dem bereits bestehenden Aufgabenspektrum kritisch abzugleichen.

Eine Auseinandersetzung mit dem bestehenden Aufgabenspektrum muss deshalb vorrangig Teil der Standortbestimmung in jeder einzelnen Einrichtung sein, die sich fragt, ob sie Ja sagen kann zu der Aufnahme intensiver Kooperationsbeziehungen (s. Thema 1: Verbindlichkeit). Wenn die Durchführbarkeit intensiver Kooperation gesichert werden kann, steht auch weiterhin eine begleitende fachliche Reflexion dazu an, ob ihr Nutzen sich verwirklichen lässt.

Die Erfahrung in den Bildungshäusern zeigte, dass immer neu geprüft werden musste, ob pädagogische Absichten und Ziele tatsächlich umgesetzt wurden. Gerade wenn irgendetwas misslang oder sogar »gefühlt« alles schiefzugehen schien, ein Konflikt übermächtig wurde oder für die Bildungshausarbeit wichtige Personen ausgeschieden waren, kam auch an den Bildungshausstandorten wiederholt die Frage auf: »Lohnt sich das alles?« Die Lehr- und Fachkräfteteams mussten dann auf diese Frage Antworten finden, Schwierigkeiten und Zweifel an der Kooperationsarbeit überwinden. Dabei half es, den pädagogischen Alltag zu reflektieren und den Blick für eine aktuelle Einschätzung des Nutzens neu zu schärfen, um das Gelingende zu benennen.

Im Bildungshausprojekt war unübersehbar zu beobachten, wie intensiv Kindergartenkinder auf das Kennenlernen ihrer zukünftigen Welt »Schule« reagieren. Sie begannen, sich heimisch zu fühlen, wagten es, die zukünftigen Bezugspersonen anzusprechen, sie nach Auskunft und Hilfe zu fragen, und öffneten sich in schwierigen Situationen dafür, deren Trost anzunehmen.

Die Lehr- und Fachkräfte im Bildungshaus konnten ebenso Schulkinder erleben, die, von großem persönlichem Stolz erfüllt, ihr bereits erworbenes Wissen mit den Kleineren teilten. Sie zeigten im Zusammensein mit jüngeren Kindern sehr oft besondere soziale Kompetenzen. Freundschaften zwischen älteren und jüngeren Kindern entstanden. Sehr aufmerksam horchten die Jüngeren auf das, was die Älteren über die Schule erzählen. Eindrücklich konnte erlebt werden, dass kaum etwas für zukünftige Schulkinder so bedeutungsvoll zu sein schien und sie als Personen so tief erreichte wie die beginnende

Einbindung in die Schulkindergruppe. Es war zu spüren, dass in den Kindern Zuversicht und persönliche Sicherheit wuchsen.

Auch der Nutzen der Kooperation für die Lehr- und Fachkräfte selbst geriet im Zuge der Reflexionen wieder ins Blickfeld, war doch die Kooperationsarbeit im Bildungshaus stets auch mit dem daraufgerichteten Ziel verbunden. Die Begegnung der Professionen sollte gemeinsames Handeln anregen und dabei helfen, die Bemühungen der Lehr- und Fachkräfte aus dem einen oder anderen Bildungsbereich besser kennen und würdigen zu lernen.

Erzieher/innen haben über die Jahre einen tiefen Einblick in die Möglichkeiten und Grenzen einzelner Kinder erhalten. Ihnen sind die Lebenslagen gut bekannt, in denen »ihre« Kinder sich bewegen. Sie führen Portfolios für jedes Kind, wobei sie zusammen mit dem jeweiligen Kind und seinen Eltern die richtigen, individuell charakteristischen Inhalte für das persönliche Portfolio auswählen. Das Portfolio erzählt schließlich eine Entwicklungsgeschichte, die für jeden weiteren Schritt im Leben des Kindes maßgeblich sein wird.

Lehrer/innen hingegen wissen, welche Anforderungen Schule für die Kinder bereithält, und können bestens beschreiben, welche Kompetenzen nötig sind, um schulische Anforderungen mit Freude und unter Nutzung individueller Ressourcen bewältigen zu können. Sie können die Unterstützungsmöglichkeiten benennen, die den unterschiedlichen Kindern in der Schule offenstehen.

In den Bildungshausteams waren die Nähe der Professionen und die konkreten Einblicke in die Berufswelt der jeweils anderen nützlich. Die im Portfolio abgebildete Entwicklungsgeschichte eines Kindes konnte für die Gestaltung der schulischen Lernwelt des Kindes wertvolle Hinweise geben. Lehr- und Fachkräfte setzten sich gemeinsam mit den unterschiedlichen Bedürfnissen der Kinder auseinander. Sie brachten dabei ihre jeweilige berufliche Perspektive ein, um über Einrichtungsgrenzen hinweg die positive Entwicklung jedes Kindes bestmöglich zu unterstützen. Vielfach beschrieben die Lehr- und Fachkräfte in den Bildungshäusern dies als nützlich und wertvoll für die eigene Zufriedenheit und das professionelle Selbstverständnis.

Als Resümee zur Frage nach dem Nutzen der Intensivkooperation für die Lehr- und Fachkräfte kann somit Folgendes festgestellt werden:

- Der Nutzen intensiver Kooperation zwischen Kindergarten und Grundschule kann sich nur dann entfalten, wenn die Entscheidung für diese Arbeit im Abgleich mit den vorhandenen Ressourcen getroffen wird. Das ist aus folgendem Grund wichtig: Die eigentlich wertvolle Kooperationsarbeit muss »frei gemacht werden« von der Gefahr, andere gute Initiativen in Kindergarten und Schule zu beeinträchtigen oder zu verunmöglichen. Um das zu erreichen, gilt es stets, die Gesamtheit der Verpflichtungen für bereits bestehende Projekte und besondere Initiativen der eigenen Institution zu betrachten. Oft entsteht im Zuge dessen für die Leitung und das Team einer Institution die belastende Situation, Auswahlentscheidungen treffen zu müssen. Hier kann es helfen, im Team die Wichtigkeiten der pädagogischen Initiativen zu diskutieren und, wenn nicht alles zu verwirklichen ist, gemeinsam festzulegen, in welcher Reihenfolge sie zu ordnen sind.

Ein realistischer Umgang mit den Ressourcen kann dann möglicherweise auch dazu führen, ausgewählte Initiativen oder Projekte zugunsten von Inhalten, die als wichtiger eingeschätzt werden, aufzugeben. Dies wäre, wenn auch nicht erfreulich, zumindest gut begründbar.

● Der Nutzen intensiver Kooperation zwischen Kindergarten und Grundschule macht sich an Beobachtungen, Erlebnissen, Erfahrungen fest. So ist ein aufmerksamer Blick gefordert, der wahrzunehmen vermag, was im Alltag geschieht. Dabei gilt es, ebenso auf die Kinder zu schauen wie auf ihre Eltern und die Lehr- und Fachkräfte selbst. Die Reflexion dazu und das Gespräch darüber brauchen einen verlässlichen Raum, um sich den Sinn der Kooperationsarbeit (d. h. deren Nutzen) immer wieder begleitend zum Prozess vor Augen zu führen.

Das Thema 10 beschreibt eine Aufgabe, die intensive Kooperation bei jedem Prozessschnitt begleiten sollte.

Kooperation – Nutzen

Thema 10

Kooperation soll den Kindern, deren Familien sowie den Lehr- und Fachkräften nützen und dabei helfen, pädagogische Qualität fortzuentwickeln

Schlüsselfragen

 Erhöht sich die pädagogische Qualität für Kinder, Eltern sowie Lehr- und Fachkräfte, wenn Kindergarten und Schule intensiv kooperieren?

Woran erkennen wir diesen Nutzen?

Empfehlungen für die Praxis

  Sammeln Sie Indizien dafür, dass sich die Mühe der Kooperation lohnt, z. B. in einem für alle erreichbaren Notizbuch.

Berücksichtigen Sie dabei sowohl die Ebene der Kinder als auch die der Eltern und der Lehr- und Fachkräfte. Solche Indizien können z. B. sein: Äußerungen von Kindern oder Teammitgliedern, kleine Erlebnisse, gute interprofessionelle Erfahrungen, Rückmeldungen von Eltern oder anderen wichtigen Personen.

● Neben Anstrengung und Aufwand im Alltag das Positive im Blick behalten
● Erfahrungen zum Nutzen von Intensivkooperation zwischen Kindergarten und Grundschule über die Zeit festhalten

Nehmen Sie in für Sie passenden Abständen folgende Reflexionsfragen in Ihre Teambesprechungen auf:

- *Nützt unsere Kooperationsarbeit den Kindern? Woran machen wir das fest? Woran wird das für uns sichtbar?*
- *Nützt unsere Kooperationsarbeit den Eltern/Familien der Kinder? Was, glauben wir, spricht dafür?*
- *Welchen Mehrwert bringt die intensive Kooperationsarbeit für die Fachkräfte mit sich?*
- *Was bereichert mich persönlich in meiner Rolle als professionelle Pädagogin? Was ist der Gewinn im Vergleich mit einer Praxis ohne intensive Kooperation?*

- Regelmäßige begleitende Reflexion im Kooperationsteam über die Einschätzung des Nutzens der Intensivkooperation
- Transparenz schaffen zwischen den Kooperationspartnern in Bezug auf Erfahrungen, Zweifel und ggf. Unbehagen zum Kooperationsverlauf sowie in Bezug auf jeweils aktuelle persönliche Einschätzungen Einzelner oder von Teilgruppen
- Sich gegenseitig ermutigen
- Eine Plattform schaffen für das Äußern von Unbehagen und für eine mögliche gemeinsame Lösungssuche

Abb. 20: Themenblatt zur Kooperationspraxis 10 – Nutzen

5 Die Kooperationspraxis aus der Metaperspektive

Die Empfehlungen für die Kooperationspraxis, die oben in den Themenblättern zur Kooperationspraxis 1 bis 10 benannt wurden, lassen sich drei wichtigen übergeordneten Handlungszielen zuordnen:

1. Transparenz schaffen
2. begleitende Prüfung und Reflexion von Inhalten und Verläufen der Zusammenarbeit
3. Abbildung von Kernergebnissen und deren prozessbegleitende Aktualisierung

Die Umsetzung dieser Handlungsziele (s. dazu auch die Querschnittsthemenblätter A, B und C im Anhang), so zeigte die prozessbegleitende Arbeit im Bildungshausprojekt, besitzt erheblichen Einfluss auf das Gelingen der Zusammenarbeit. Von daher kommen sie in den Empfehlungen für die Praxis immer wieder zum Tragen. Im Folgenden werden sie jeweils im Überblick zusammengefasst.

5.1 Thema A – Transparenz schaffen

Der Kooperationsprozess erfordert von jedem Kooperierenden, sich offen auf den Dialog und die Verständigung mit dem Kooperationspartner einzulassen und sich um ein gutes Verständnis der Perspektive des jeweils anderen zu bemühen (Behringer/Höfer 2005; Schweitzer 1998). Es gilt, die Handlungslogik und die Handlungswege der Partner kennen und einordnen zu lernen (Van Santen/Seckinger 2003).

Es bedarf eines Austauschs, der dem jeweils anderen einen Einblick in die professionelle Realität erlaubt. Das heißt, dass Kooperierende sich einerseits mit Offenheit für Dialog und Verständigung auf den Partner einlassen müssen, dass aber der Kooperationspartner gleichzeitig gefordert ist, seine Perspektive und Lage offenzulegen. Erst wenn dies wechselseitig gewährt wird, wenn also dem Ziel, Transparenz zu schaffen, ein hervorgehobener Stellenwert zugeschrieben wird, kann dieser Anspruch eingelöst werden.

Innerhalb des Kooperationsprozesses stehen dabei unterschiedliche inhaltliche Themen im Zentrum der Aufgabenstellung, wechselseitig Transparenz zu schaffen (s. Querschnittsthemenblatt A im Anhang). Die Empfehlungen für die Praxis in den Themenblättern greifen diese Themen auf und unterstützen damit die Umsetzung der Aufgabenstellung.

Transparenz schaffen in Bezug auf …

- die Vorstellungen und die Bereitschaft der einzelnen Teams zu einer intensiven Zusammenarbeit als Basis der Annäherung im Kooperationsverbund (Themenblatt 1)
- charakteristische und für die Intensivkooperation bedeutsame/einflussreiche Rahmenbedingungen und Voraussetzungen in einzelnen Institutionen (Themenblatt 2)
- die Ansprüche und Ziele im Rahmen intensiver Kooperation, für die in den jeweiligen Teams Konsens besteht (Themenblatt 3)
- die Alltagsrealität und professionellen Herausforderungen in den beteiligten Institutionen (Themenblatt 5)
- die Rechte und Pflichten einzelner Personen bzw. spezieller Gruppen im Kooperationsteam auf allen Funktionsebenen (Themenblatt 6)
- die Unterstützungspotenziale bzw. potenziellen Unterstützer für die Kooperationsarbeit (Themenblatt 8)
- Erfahrungen, Zweifel, Unbehagen zum Kooperationsverlauf und jeweils aktuelle persönliche Einschätzungen (Themenblatt 10)

5.2 Thema B – Begleitende Prüfung und Reflexion von Inhalten und Verläufen der Zusammenarbeit

Die Annäherung von Teams aus unterschiedlichen Institutionen mit der Absicht, eine Intensivkooperation in Gang zu setzen, kann als Basis aller weiteren Schritte betrachtet werden. Der Annäherungsphase muss daher besondere Aufmerksamkeit gewidmet werden, um beste Voraussetzungen für den weiteren Verlauf der Zusammenarbeit zu schaffen. Ihre metaperspektivische Reflexion schafft Klarheit über folgende Aspekte: Konnte für alle Beteiligten eine für die gemeinsame Weiterarbeit taugliche Grundlage aufgebaut werden? Was fehlte in den ersten Überlegungen möglicherweise noch, das nachträglich eingebracht werden könnte?

Auch sollte in angemessenen Abständen eine prozessbegleitende metaperspektivische Reflexion durchgeführt werden, die die Zufriedenheit der Beteiligten mit den Formen der Zusammenarbeit und dem Klima des Miteinanders erfasst (Van Santen/ Seckinger 2003). Die Arbeit innerhalb eines multiprofessionellen Kooperationsteams ist stets geprägt von einer hochkomplexen Dynamik. Sie beinhaltet mannigfaltige Aushandlungsprozesse auf dem Weg hin zu einer immer deutlicher konturierten Form der Kooperation im Schnittstellenbereich. Immer wieder sehen sich die Teams vor Gestaltungsfragen. Dann steht es an, eine Umsetzungslösung zu entwickeln, zu vereinbaren und zu erproben.

So einleuchtend, praktikabel und sinnvoll gefundene Umsetzungslösungen zunächst auch erschienen, sie bewähren sich im Alltag nicht immer. Zu dem Konstruktionsprozess gehört von daher stets, die Bewährung eingesetzter Gestaltungslösungen zu bestätigen bzw. im Austausch aufzudecken, wo Nachbesserungen erforderlich sind. Wird dies vernachlässigt, besteht die Gefahr, dass sich Handlungsformen einschleichen, die nicht mehr allgemein mitgetragen werden können.

Auch hier stehen wiederum unterschiedliche inhaltliche Themen im Zentrum der Aufgabenstellung, die Zusammenarbeit begleitend zu reflektieren (s. Querschnittsthemenblatt B im Anhang). Die Empfehlungen für die Praxis in den Themenblättern greifen diese Themen wiederum auf, um die Umsetzung der Aufgabenstellung zu befördern.

Begleitende Überprüfung und Reflexion von Inhalten und Verläufen der Zusammenarbeit in Bezug auf …

- den Verlauf der Annäherungsphase (Themenblatt 1).
- die Einschätzung der Zufriedenheit mit der Gestaltung der Zusammenarbeit und mit dem Klima des Miteinanders (Themenblatt 4).
- den Umgang mit »Stolpersteinen« im Ablauf der Kooperationspraxis (Themenblatt 5).
- den Umgang mit Aufgaben und Verantwortlichkeiten (Themenblatt 6).
- die Praktikabilität/Leistbarkeit bzw. Veränderungsbedarf des Kooperationskalenders (Themenblatt 7).
- das Gelingen der vereinbarten Vorhaben (Themenblatt 9).
- die Einschätzung des Nutzens von Intensivkooperation (Themenblatt 10).

5.3 Thema C – Abbildung von Kernergebnissen und deren prozessbegleitende Aktualisierung

Die Themenblätter durchzieht ein roter Faden. Wiederkehrend wird den kooperierenden Teams empfohlen, Ergebnisse von Aushandlungsprozessen in Skizzen, Übersichten oder Bildern darzustellen. Das hat folgende Hintergründe:

Die Komplexität der Anforderungen eines üblichen Praxisalltages in Kindergarten und Grundschule wächst in dem Moment erheblich, in dem eine interinstitutionelle Intensivkooperation in Gang gesetzt wird. Zu einer Intensivkooperation gehören vielschichtige und unterschiedlichste Entscheidungen und umfangreiche organisatorische Neukonstruktionen. Gleichzeitig ringen die Teams im Rahmen der gesteigerten Komplexität darum, Klarheit zu schaffen, die es ermöglicht, sich selbst zu orientieren und die pädagogische Arbeit ausgestalten zu können. Gelingt es, Klarheit herzustellen, bedarf es einer Form der Dokumentation, die einen guten Überblick gibt. Daher sollten Kernergebnisse (auch grafisch) in komprimierter Weise erfasst werden. In ihnen werden vereinbarte Eckpunkte zusammengefasst und festgehalten. Die Kooperationsteams schaffen »Wegweiser«, an denen sich der weitere Verlauf der Zusammenarbeit orientieren kann. Und die Dokumentation hilft nicht zuletzt, Unstimmigkeiten zu vermeiden und zermürbenden Diskussionen darüber, wer welche Vereinbarung wie in Erinnerung hat oder auslegt, zu entgehen. Zudem ergibt sich eine immer wieder nutzbare Ausgangsbasis, um Korrekturen der gemeinsamen Arbeit mit Blick auf den gesamten vergangenen Prozess vornehmen zu können. Dies kann gerade dann immens wichtig werden, wenn Personen in den Teams wechseln.

Die Aufgabenstellung, Kernergebnisse des Kooperationsprozesses über geeignete Dokumentationen abzubilden, beinhaltet wiederum unterschiedliche inhaltliche Themen (s. Querschnittsthemenblatt C im Anhang). Die Empfehlungen für die Praxis in den Themenblättern greifen diese Themen auf und geben damit Hilfestellung für die Umsetzung der Aufgabe.

Abbildung von Kernergebnissen in Bezug auf …

- den »Steckbrief« der eigenen Institution bzgl. charakteristischer und für die Intensivkooperation bedeutsamer/einflussreicher Rahmenbedingungen (Themenblatt 2)
- die Gesamtskizze des institutionellen Netzwerkes inklusive charakteristischer und für die Intensivkooperation bedeutsamer/einflussreicher Rahmenbedingungen (Themenblatt 2)
- eine Abbildung, die den »gemeinsamen Nenner« der Ansprüche und Ziele des gesamten Kooperationsnetzwerkes zusammenfasst (Themenblatt 3)
- eine Abbildung, die eine für alle Teammitglieder stimmige Darstellung von Aufgaben und Verantwortlichkeiten im Kooperationsnetzwerk erfasst (Themenblatt 6)
- die Erstellung eines verbindlichen Kooperationskalenders für ein Jahr (Themenblatt 7)
- die Skizze eines für alle Teammitglieder stimmigen Überblicks über das Unterstützungssystem, bezogen auf das gesamte Kooperationsbündnis (Themenblatt 8)
- die Entwicklung eines auf die spezielle Kooperationsarbeit ausgerichteten Einschätzbogens zur Erkundung des Gelingens bzw. der Bereiche, die der Verbesserung bedürfen (Themenblatt 9)
- die begleitende Dokumentation der Erfahrungen mit der Intensivkooperation (Themenblatt 10)

6 Zusammenfassung

> »Übergangsprozesse sind die Voraussetzung für erfolgreiche Bildungsprozesse. Stets sind mehrere Einrichtungen betroffen, die kooperieren müssen. Kooperation ist dabei aufzufassen als die bewusste, von allen Beteiligten verantwortete, zielgerichtete, gleichwertige und konkurrenzarme Zusammenarbeit« (Griebel 2003, S. 188 ff.).

Die prozessbegleitende Arbeit im Projekt »Bildungshaus 3–10« erlaubte dem Forschungsteam des ZNL, große Nähe zu den Lehr- und Fachkräfteteams, Kindern, Eltern und anderen Mitverantwortlichen herzustellen. Sie alle gewährten Einblick in die Prozesse der Zusammenarbeit zwischen Kindergärten und Grundschule.

Die wissenschaftliche Auseinandersetzung mit dem Erlebten und dessen Dokumentation eröffneten schließlich die Möglichkeit, die hier dargestellten 10 zentralen Themen herauszuarbeiten und vorzustellen. Sie spiegeln Teilprozesse intensiver Kooperation zwischen Kindergarten und Grundschule wider, die nicht nur für Institutionen im Bildungshausprojekt, sondern auch für die Zusammenarbeit anderer systemunterschiedlicher Institutionen im Bildungsbereich als relevant gelten können. Insbesondere aber mag sie all jenen nützlich sein, die eine Intensivkooperation zwischen Kindergarten und Grundschule anstreben, um den Kindern einen bruchlosen Übergang zwischen den beiden Institutionen zu ermöglichen.

Das Selbstverständnis des ZNL TransferZentrums für Neurowissenschaften und Lernen beinhaltet, wissenschaftlich ermitteltes Wissen nutzbringend jenen Menschen verfügbar zu machen, die zu handeln haben (s. www.znl-ulm.de). So ist mit dieser Schrift die Absicht verbunden, Erzieher/innen in Kindergärten, Lehrer/innen in Grundschulen und weitere Verantwortungsträger bei der Bewältigung beruflicher Herausforderungen und Schwierigkeiten zu unterstützen. Indirekt soll sie natürlich auch und vor allem den Kindern und Eltern nützen. Dabei wurde die nicht zuletzt aus der Bildungshausbegleitung herrührende Auffassung vertreten, dass es nicht *die* Gussform gibt, in die jede Kooperationsarbeit aller Kooperationsverbünde eingepasst werden kann. *Jeder Kooperationsverbund muss eigene Wege suchen.*

Die Themenblätter zur Kooperationspraxis im Text sind von daher nicht als maßstabsgetreue »Landkarten« zu verstehen, in denen die »richtigen« Wege eingetragen sind. Sie geben lediglich Hinweise auf das Gebiet, seine Beschaffenheiten, Schönheiten und Gefahren, in denen die kooperierenden Einrichtungen sich bewegen, wenn sie sich einmal aufgemacht haben.

Das Schlusswort sei an dieser Stelle Jochen Schweitzer überlassen. Das Forscherteam des Projekts »Bildungshaus 3–10« schließt sich an.

»Kooperation muss allen beteiligten Personen- und Berufsgruppen helfen, diejenigen Tätigkeiten zu verbessern, die im Zentrum ihres persönlichen oder beruflichen Ethos stehen. Für Lehrer/innen werde sich das in erster Linie im Unterricht zeigen, für Erzieher/innen in der Gruppenarbeit, für Erziehungsberater im Beratungsgespräch. Für alle Beteiligten muss die Arbeit dadurch leichter statt schwerer werden, der Spaß an der Arbeit größer statt kleiner, die Arbeitszeit auf lange Sicht zumindest nicht länger, die subjektive Arbeitsbelastung geringer statt größer« (Schweitzer 1998, S. 284).

7 Literatur

Aronson, E./Wilson, T. D./Akert, R. M. (2004): Sozialpsychologie. München: Pearson Studium.

Beck, D. (1992): Kooperation und Abgrenzung. Zur Dynamik von Intergruppenbeziehungen in Kooperationssituationen. Wiesbaden: DUV.

BMFSFJ (Bundesministerium für Familie, Senioren, Frauen und Jugend) (Hrsg.) (2003): Auf den Anfang kommt es an! Weinheim, Basel: Beltz.

Behringer, L/Höfer, R (2005): Wie Kooperation in der Frühförderung gelingt. München: Ernst Reinhard.

Bertelsmann Stiftung (Hrsg.) (2011): Von der Kita in die Schule – Handlungsempfehlungen an Politik, Träger und Einrichtungen. Gütersloh: Verlag Bertelsmann Stiftung.

Carle, U./Koeppel, G./Wenzel, D. (2009): Kooperation im Elementarbereich. Baltmannsweiler: Schneider Hohengehren.

Carle, U./Samuel, A. (2007): Frühes Lernen – Kindergarten und Grundschule kooperieren. Baltmannsweiler: Schneider Hohengehren.

Carle, U./Grabeleu-Szczes, D./Levermann, S. (Hrsg.) (2007): Sieh mir zu beim Brückenbauen. Berlin, Düsseldorf, Mannheim: Cornelsen.

Drexl, D./Höke, J./Rehm, A./Schumann, I./Sturmhöfel, N. (2012): Kindergarten und Grundschule gemeinsam denken? Didaktische Ansätze und systembedingte Verschiedenheit. In: Diskurs für Kindheits- und Jugendforschung 4, S. 443–455.

Elfe, A. (2007): Möglichkeiten und Grenzen der Kooperation von Kindertageseinrichtungen und Grundschule auf dem Land. In: Carle, U./Grabeleu-Szczes, D./Levermann, S. (Hrsg.): Sieh mir zu beim Brückenbauen. Berlin, Düsseldorf, Mannheim: Cornelsen, S. 76–91.

Engemann, C. (2011): Ausschreibung. In: Ministerium für Kultur, Jugend und Sport Baden-Württemberg (Hrsg.): Dokumentation des Modellprojekts »Bildungshaus 3–10« 2007–2010, S. 3–8 (online unter www.kultusportal-bw.de/,Lde/826276, Abruf 18.01.2015).

Faust, G./Götz, M./Hacker, H./Roßbach, H. (Hrsg.) (2004): Anschlussfähige Bildungsprozesse im Elementar- und Primarbereich. Bad Heilbrunn: Julius Klinkhardt.

Fegert, J. M./Schrapper, C. (2004): Handbuch Jugendhilfe–Jugendpsychiatrie – Interdisziplinäre Kooperation. Weinheim, München: Juventa.

Fengler, J. (1996): Konkurrenz und Kooperation in Gruppe, Team und Partnerschaft. München: Pfeiffer.

Geene, R./Borowski, S. (2009): Neue Wege in der Elementarpädagogik und die spezielle Problematik im Übergang Kindertagesstätte–Grundschule. In: Wenzel, D./Koeppel, G./Carle, U. (Hrsg.): Kooperation im Elementarbereich. Baltmannsweiler: Schneider Hohengehren, S. 156–166.

Griebel, W. (2003): Vernetzung mit anderen Bildungsbereichen. In: BMFSF (Bundesministerium für Familie, Senioren, Frauen und Jugend) (Hrsg.): Auf den Anfang kommt es an! Weinheim, Basel: Beltz, S. 185–200.

Griebel, W./Niesel, R. (2004): Transitionen. Weinheim, Basel: Beltz.

Gropengießer, H. (2008): Qualitative Inhaltsanalyse in der fachdidaktischen Lehr-Lernforschung. In: Mayring, P./Gläser-Zikuda, M. (Hrsg.): Die Praxis der Qualitativen Inhaltsanalyse. Weinheim, Basel: Beltz, S. 172–189.

Hacker, H. (2004): Die Anschlussfähigkeit von vorschulischer und schulischer Bildung. In: Faust, G./Götz, M./Hacker, H./Roßbach, H. G. (Hrsg.): Anschlussfähige Bildungsprozesse im Elementar- und Primarbereich. Bad Heilbrunn: Julius Klinkhardt, S. 273–284.

Heckhausen, H. (1989): Motivation und Handeln. Berlin, Heidelberg, New York: Springer.

Hopf, A./Zill-Sahm I./Franken, B. (2008): Vom Kindergarten in die Grundschule – Evaluationsinstrumente für einen erfolgreichen Übergang. Berlin, Düsseldorf, Mannheim: Cornelsen Scriptor.

JFMK (Jugend- und Familienministerkonferenz)/KMK (Kultusministerkonferenz) (2009): Den Übergang von der Tageseinrichtung für Kinder in die Grundschule sinnvoll und wirksam gestalten – Das Zusammenwirken von Elementarbereich und Primarstufe optimieren. www.kmk.org/fileadmin/veroeffentlichungen_beschluesse/2009/2009_06_18-Uebergang-Tageseinrichtungen-Grundschule.pdf (Abruf 18.01.2015).

JFMK (Jugend- und Familienministerkonferenz)/KMK (Kultusministerkonferenz) (2004): http://www.kmk.org/fileadmin/veroeffentlichungen_beschluesse/2004/2004_06_03-Fruehe-Bildung-Kindertageseinrichtungen. (Abruf 12.02.2015).

Kammermeyer, G. (2001): Schulfähigkeit. In: Faust-Siehl, G./Speck-Hamdan, A. (Hrsg.): Schulanfang ohne Umwege. Mehr Flexibilität im Bildungswesen. Frankfurt am Main: Arbeitskreis Grundschule, S. 96–118.

Kammermeyer, G. (2005): Schulfähigkeit und Schuleingangsdiagnostik. In: Einsiedler W./Götz, M./Hartinger, A./Heinzel, F./Kahlert, J./Sandfuchs, U. (Hrsg.): Handbuch Grundschulpädagogik und Grundschuldidaktik. Bad Heilbrunn: Julius Klinkhardt, S. 253–263.

Kelle, U./Kluge S. (2010): Vom Einzelfall zum Typus. Wiesbaden: VS-Verlag für Sozialwissenschaften.

Maykus, S. (2011): Kooperation als Kontinuum. Wiesbaden: VS Verlag für Sozialwissenschaften.

Mayring, P. (2008): Qualitative Inhaltsanalyse. Weinheim, Basel: Beltz.

Ministerium für Kultus, Jugend und Sport Baden-Württemberg (2005): Kooperation zwischen Tageseinrichtungen für Kinder und Grundschulen. www.bmfsfj.de/doku/Publikationen/kjhg/01-Redaktion/PDF-Anlagen/kultusministerium.baden-wuerttemberg.de,property=pdf,bereich=kjhg,sprache=de,rwb=true.pdf (Abruf 18.01.2015).

Ministerium für Kultus, Jugend und Sport Baden-Württemberg (2006): Orientierungsplan für Bildung und Erziehung für die baden-württembergischen Kindergärten. Weinheim, Basel: Beltz.

Ministerium für Kultus, Jugend und Sport Baden-Württemberg (2004): Bildungsplan Grundschule. www.bildung-staerkt-menschen.de/service/downloads/Bildungsplaene/Grundschule/ Grundschule_Bildungsplan_Gesamt.pdf (Abruf 18.01.2015).

Ministerium für Kultus, Jugend und Sport Baden-Württemberg (2002): Gemeinsame Verwaltungsvorschrift des Kultusministeriums und des Sozialministeriums über die Kooperation zwischen Tageseinrichtungen für Kinder und Grundschulen. www.schule-bw.de/unterricht/paedagogik/kooperation_integration/kooperation/handreichung/V_24.pdf (Abruf 18.01.2015).

Rabe-Kleberg, U. (1996): Professionalität und Geschlechterverhältnis. In: Combe, A./Hesper, W. (Hrsg.): Pädagogische Professionalität. Frankfurt am Main: Fischer, S. 276–302.

Samuel, A. (2009): »TransKiGs« - Erste Ergebnisse im Bremer Modellprojekt. In: Wenzel, D./Koeppel, G./Carle, U. (Hrsg.) (2009): Kooperation im Elementarbereich. Baltmannsweiler: Schneider Hohengehren, S. 167-175.

Schweitzer, J. (1998): Gelingende Kooperation. Systemische Weiterbildung in Gesundheits- und Sozialberufen. Weinheim, München: Juventa.

Seckinger, M. (2010): Kooperation zwischen Kindergarten und Grundschule: kein einfaches Unterfangen. In: Diller, A./Leu, H. R./Rauschenbach, T. (Hrsg.): Wie viel Schule verträgt der Kindergarten? München: Verlag Deutsches Jugendinstitut, S. 201–214.

Strätz, R. (2010): Kooperation zwischen Kindergarten und Grundschule. Administrative Vorgaben und praktische Erfahrungen. In: Diller, A./Leu, H. R./Rauschenbach, T. (Hrsg.): Wie viel Schule verträgt der Kindergarten? München: Verlag Deutsches Jugendinstitut, S. 63–72.

Tietze, W./Viernickel, S. (Hrsg.) (2003): Pädagogische Qualität in Tageseinrichtungen für Kinder – ein nationaler Kriterienkatalog. Weinheim, Basel: Beltz.

Van Santen, E./Seckinger M. (2003): Kooperation: Mythos und Realität einer Praxis. München: Verlag Deutsches Jugendinstitut.

Wenzel, D./Koeppel, G./Carle, U. (Hrsg.) (2009): Kooperation im Elementarbereich. Baltmannsweiler: Schneider Hohengehren.

Wustmann, C. (2004): Resilienz. Weinheim, Basel: Beltz.

8 Anhang – Kopiervorlagen

Im Folgenden sind sowohl die 10 Themenblätter als auch die Querschnittsthemenblätter als Kopiervorlagen abgebildet. Erläuterungen zu den Blättern finden sich in Kapitel 7 (Themenblätter) und Kapitel 8 (Querschnittsthemenblätter).

Die Kooperationsarbeit spielt sich sowohl in den Herkunftseinrichtungen, den Kindergärten und Schulen, als auch im Kooperationsteam des Einrichtungsverbundes ab. Entsprechend haben die Praxisempfehlungen auf den Themen- und Querschnittsblättern die Funktion, Denkanstöße zu geben, einerseits für die einzelne beteiligte Institution, andererseits für das Kooperationsteam aus allen beteiligten Institutionen.

Auf den Blättern wird dies jeweils kenntlich gemacht durch:

 = Praxisempfehlungen für die einzelne beteiligte Einrichtung (Schule, Kindergarten)

 **= Praxisempfehlungen für das Kooperationsteam aus Vertretern aller beteiligten Einrichtungen**

Zudem sind die Zielsetzungen der Praxisempfehlungen jeweils mit angegeben:

 = Zielsetzungen der Praxisempfehlungen

Den Kopiervorlagen vorangestellt sind Übersichten zu den Themen- und Querschnittsblättern.
- Die Übersicht zu den Themenblättern nennt die Themen und die dazugehörigen Schlüsselfragen.
- Die Übersicht zu den Querschnittsthemen nennt das jeweilige Querschnittsthema und die inhaltliche Orientierung.

Themenblätter 1 bis 10

Thema	Schlüsselfragen
Thema 1 Kooperation – Verbindlichkeit **Verbindlichkeit ist die Basis für kooperative Entwicklungsprozesse**	– Können wir »Ja!« sagen zu verbindlichen Kooperationsbeziehungen?
Thema 2 Kooperation – Unterschiedlichkeit **Jeder Kooperationsverbund ist speziell**	– Was macht uns als Kooperationspartner aus? – Wer und was gehört zu unserem speziellen Kooperationsnetzwerk?
Thema 3 Kooperation – Eigene Wege **Die Wege hin zu einer intensiven Kooperation müssen stets EIGENE Wege sein**	– Was können und wollen wir selbst? – Was ist der gemeinsame Nenner zwischen den Kooperationspartnern im Netzwerk, was ist das Netzwerkpotenzial?
Thema 4 Kooperation – Anerkennung **Die jeweils beteiligten Institutionen haben ein Recht auf die Anerkennung ihrer Individualität und der gewachsenen institutionellen Traditionen**	– Wie schaffen wir im Rahmen der Kooperationsaufgabe ein Klima von Anerkennung gegenüber der Einzigartigkeit jeder beteiligten Institution?
Thema 5 Kooperation – Kompatibilität **Die Kooperationsarbeit steht in Wechselbeziehung mit den Bedingungen, Aufträgen, Zielen und rechtlichen Vorgaben der Systeme Schule und Kindergarten**	– Was hat, im übergeordneten Sinn, Einfluss auf die Gestaltung von Kooperation? – Wo brauchen wir Kompatibilität zwischen Kindergarten und Grundschule?
Thema 6 Kooperation – Verantwortung **Kooperation ist eine Dimension im Berufsalltag der Fachkräfte, die einer Neudefinition von Verantwortung für Leitung, Team und einzelne Beteiligte bedarf**	– Was bedeutet es für die Leitung, das Gesamtteam, die Kleinstteams bzw. Tandems und für die einzelne Lehr- oder Fachkraft, Verantwortung für die Intensivkooperation zwischen Grundschule und Kindergarten zu übernehmen?

Thema	Schlüsselfragen
Thema 7 Kooperation – Gestaltung **Durch die Intensivkooperation entsteht eine Schnittstelle gemeinsamer professioneller Arbeit, die sich durch spezifische fachliche Ansprüche, Gestaltungsformen und Rituale erst konstituiert**	– Welche Aspekte machen den Kooperationsbereich in unserem praktischen Alltag zu einer Schnittstelle gemeinsamer professioneller Arbeit?
Thema 8 Kooperation – Umfeld **Die Kooperationsarbeit steht in Wechselbeziehung mit dem Umfeld der beteiligten Institutionen: Eltern, Trägern, weiteren Mitverantwortlichen und regionalen Akteuren**	– Wo und bei wem muss um Akzeptanz und Unterstützung für die Kooperationsarbeit geworben werden?
Thema 9 Kooperation – Komplexität **Kooperation ist ein komplexer, von vielen Seiten beeinflusster Prozess, der nicht aufhört, sich auf dem Kontinuum zwischen Gelingen und Misslingen zu bewegen**	– Wie lässt sich die Dynamik des Kooperationsprozesses überschauen? – Wie können wir destruktive Einflüsse ausmachen und Veränderungsimpulse setzen?
Thema 10 Kooperation – Nutzen **Kooperation soll den Kindern, deren Familien sowie den Lehr- und Fachkräften nützen und dabei helfen, pädagogische Qualität fortzuentwickeln**	– Erhöht sich die pädagogische Qualität für Kinder, Eltern sowie Lehr- und Fachkräfte, wenn Kindergarten und Schule intensiv kooperieren? – Woran erkennen wir diesen Nutzen?

Kooperation – Verbindlichkeit

Verbindlichkeit ist die Basis für kooperative Entwicklungsprozesse

Schlüsselfrage

? **Können wir »Ja!« sagen zu verbindlichen Kooperationsbeziehungen?**

Empfehlungen für die Praxis

1 Wer zu Kooperation »Ja!« sagen soll, muss im Vorfeld die eigene Position klären.

Besprechen Sie im eigenen Team, wie wichtig es jedem einzelnen Mitglied ist, die Kooperation in Gang zu setzen. Sind die Bereitschaft und das Interesse für diese neue Aufgabe vorhanden? Stellen einzelne Teammitglieder Bedingungen? Welche sind das?

- Erkunden der Vorstellungen jedes einzelnen Teammitglieds zu den Herausforderungen von Intensivkooperation und der Bereitschaft zur Umsetzung
- Erkunden der Bedingungen, unter denen sich jedes einzelne Mitglied auf die Intensivkooperation einlassen würde, und deren Diskussion im Team

2 Nicht jedes Teammitglied wird von der Kooperationsaufgabe im gleichen Maß betroffen sein. Daher werden sich die subjektive Wichtigkeit, Motivation und Bereitschaft unterscheiden.

Tauschen Sie sich über Ihre jeweiligen Standpunkte gegenüber Intensivkooperation aus. Erforschen Sie im Gespräch die Sichtweisen einzelner mehr oder weniger involvierter Personen, die bestimmter Kleingruppen und die der Leitung.

- Bewusster Umgang mit unterschiedlichen Sichtweisen gegenüber Intensivkooperation: Perspektive der Leitung, von Personen/Gruppen im Team, die für die Aufgabe überwiegend tätig sein werden, von Personen/ Gruppen im Team, die weniger oder nicht involviert sein werden.

3 *Entscheiden Sie im Team, ob und unter welchen Bedingungen Sie gemeinsam »Ja!« dazu sagen können, sich auf einen Kooperationsprozess mit anderen Partnern einzulassen.*

- Kritische Betrachtung der (Diskussions-)Ergebnisse aus Punkt 1 und 2
- Klärung von Voraussetzungen und Bedingungen für eine verbindliche gemeinsame Entscheidung im gesamten Team zur Aufnahme intensiver Kooperationsbeziehungen

 aus: Koslowski, Kindergarten und Grundschule auf dem Weg zur Intensivkooperation, © 2015 Beltz Verlag · Weinheim und Basel

Empfehlungen für die Praxis

4 Wer zu einer Intensivkooperation »Ja!« sagen soll, muss wissen, wie wichtig dem Kooperationspartner die Zusammenarbeit ist.

Treffen Sie sich mit allen Kooperationspartnern, und sprechen Sie miteinander über Ihre Motivation und Bereitschaft, sich einer intensiven Zusammenarbeit anzunähern.

- Transparenz schaffen zwischen den Kooperationspartnern bzgl. der Vorstellungen und der Bereitschaft der einzelnen Teams als Basis für die weitere Annäherung

5 *Klären Sie erste Schritte der Annäherung aneinander. Legen Sie fest, wann Sie den Verlauf der Annäherungsphase reflektieren. Vereinbaren Sie Verbindlichkeit!*

- Festlegung erster verbindlicher Schritte der Annäherung: zeitlich, inhaltlich, organisatorisch
- Festlegung eines Termins für ein erstes Reflexionstreffen zum Verlauf der Annäherungsphase

6 *Feiern Sie Ihre gemeinsame Entscheidung!*

- Wahrnehmung der Bedeutung der gemeinsamen Entscheidung für den Aufbruch in eine Intensivkooperation als ersten erreichten wichtigen Meilenstein

Eigene Notizen

_____

_____

_____

Schlüsselfrage

? **Was macht uns als Kooperationspartner aus?**

Wer und was gehört zu unserem speziellen Kooperationsnetzwerk?

Empfehlungen für die Praxis

1  *Diskutieren Sie:*

Welche charakteristischen (Rahmen-)Bedingungen unserer Einrichtung sind für eine Intensivkooperation von Bedeutung?

Welche haben Einfluss auf ihre Durchführbarkeit?

Tragen Sie die Ergebnisse zusammen.

 ● Gemeinsame Rekapitulation der charakteristischen und für die intensive Kooperation bedeutsamen/einflussreichen (Rahmen-)Bedingungen (z. B. Größe, Entfernung zu möglichen Kooperationspartnern, soziales Einzugsgebiet, spezielle personelle und räumliche Ressourcen, spezifische konzeptionelle Vorgaben etc.)

2 *Schreiben Sie einen »Steckbrief«, der Ihre Einrichtung als Kooperationspartner mit ihren spezifischen Rahmenbedingungen und Voraussetzungen charakterisiert.*

(Aktualisieren Sie den Steckbrief ggf. im Verlauf des Kooperationsprozesses.)

 ● Übertragung der Ergebnisse aus Punkt 1 in eine für alle Teammitglieder stimmige und annehmbare Darstellung (Steckbrief)

3  Wer zu einem Netzwerk gehört, braucht einen Überblick über dessen Teile, um das Ganze besser verstehen zu können.

Stellen Sie sich gegenseitig Ihre Einrichtungssteckbriefe vor, auch wenn Sie sich schon lange kennen sollten und meinen, es erwarte Sie nichts Neues.

 ● Transparenz schaffen zwischen den Kooperationspartnern bzgl. charakteristischer und für die Intensivkooperation bedeutsamer/einflussreicher Rahmenbedingungen und Voraussetzungen in den einzelnen Institutionen

Empfehlungen für die Praxis

4 *Erstellen Sie eine Gesamtskizze Ihres Netzwerks, und lassen Sie sich davon zu einer Diskussion im Kooperationsteam inspirieren.*

(Aktualisieren Sie die Gesamtskizze ggf. im Verlauf des Kooperationsprozesses.)

- Übersetzung und Darstellung der Ergebnisse aus Punkt 3 in eine für alle Teammitglieder stimmige Darstellung des Kooperationsnetzwerks

5 *Präsentieren Sie die Gesamtskizze Ihres Netzwerks in der eigenen Einrichtung auch Eltern und Besuchern.*

- Die Rolle als Kooperationspartner innerhalb eines Netzwerks annehmen und der Öffentlichkeit vorstellen

Eigene Notizen

_____

_____

_____

_____

_____

_____

_____

Thema 3

Kooperation – Eigene Wege

Die Wege hin zu einer intensiven Kooperation müssen stets EIGENE Wege sein

Schlüsselfragen

 Was können und wollen wir selbst?

Was ist der gemeinsame Nenner zwischen den Kooperationspartnern im Netzwerk, was ist das Netzwerkpotenzial?

Empfehlungen für die Praxis

1 Kooperation zwischen Kindergarten und Grundschule ist mit vielfältigen Ansprüchen und Zielen verknüpft. Aber sind das auch Ihre? Was sind Ihre Ansprüche und Ziele? Jedes Teammitglied sollte zu Wort kommen. Suchen Sie nach einem »gemeinsamen Nenner« im Team, d. h. nach Ansprüchen und Zielen, die wirklich alle mittragen können.

Stimmen Sie sich im Team ab, was Ihre ganz eigenen Ansprüche und Ziele im Rahmen einer Intensivkooperation sind bzw. sein können. Diskutieren Sie, und handeln Sie miteinander eine Rangfolge nach Wichtigkeit aus, die für alle Teammitglieder annehmbar ist.

Berücksichtigen Sie Bedingungen, konzeptionelle Vorgaben, Grenzen und Möglichkeiten Ihrer Einrichtung.

(Aktualisieren Sie die erarbeitete Liste ggf. im Verlauf des Kooperationsprozesses.)

 • Im Team die gemeinsamen Ansprüche und Ziele herausarbeiten und nach Wichtigkeit sortieren

2  *Stellen Sie einander im Kooperationsteam vor, für welche Ansprüche und Ziele in den eigenen Teams jeweils ein Konsens erarbeitet und welche Rangfolge herausgearbeitet wurde.*

 • Transparenz schaffen zwischen den Kooperationspartnern bzgl. der Ansprüche und Ziele im Rahmen intensiver Kooperation, für die in den jeweiligen Teams Konsens besteht

3  *Besprechen Sie im Kooperationsteam gezielt die Gemeinsamkeiten und Unterschiede.*
Diskutieren Sie die Differenzen, um deren Hintergründe verstehen zu können.

 • Gemeinsamkeiten innerhalb des Netzwerks bewusst wahrnehmen, Hintergründe von Unterschieden erkunden

Thema
3

Kooperation – Eigene Wege

Die Wege hin zu einer intensiven Kooperation müssen stets EIGENE Wege sein

Empfehlungen für die Praxis

  *Erstellen Sie ein Papier, das den »gemeinsamen Nenner« der Ansprüche und Ziele Ihres Netzwerks zusammenfasst.*

(Aktualisieren Sie das Papier ggf. im Verlauf des Kooperationsprozesses.)

 ● Übertragung der Ergebnisse aus Punkt 3 in eine für alle Mitglieder des Kooperationsteams stimmige Rangfolge

  *Wenn Sie für Ihr Netzwerk gemeinsam bestimmte Ansprüche und Ziele herausgearbeitet haben, reflektieren Sie, warum Sie ggf. andere ausblenden (müssen).*

 ● Reflexion über die Ansprüche und Ziele, für die kein Konsens herge- stellt werden konnte, und über die Gründe, warum deren Umsetzung als nicht leistbar erachtet wurde

Eigene Notizen

_____

_____

_____

_____

_____

_____

_____

_____

Thema 4

Kooperation – Anerkennung

Die jeweils beteiligten Institutionen haben ein Recht auf die Anerkennung ihrer Individualität und der gewachsenen institutionellen Traditionen

Schlüsselfragen

 Wie schaffen wir im Rahmen der Kooperationsaufgabe ein Klima von Anerkennung gegenüber der Einzigartigkeit jeder beteiligten Institution?

Empfehlungen für die Praxis

  Viele Themen, die in den beteiligten Einrichtungen bearbeitet werden, müssen für den Schnittstellenbereich der Intensivkooperation neu gedacht werden, z. B. Dokumentation, Beobachtung, Zusammenarbeit mit Eltern. Bevor das Kooperationsteam darangeht, neu zu denken, gilt es, Erfahrungen und bewährte Strategien im Umgang mit diesen Themen auszutauschen.

Die vorrangige Frage dabei sollte sein: Wer macht in der eigenen Einrichtung was, wie macht er/sie es, warum und mit welchem Erfolg?

Dabei geht es nicht darum, was richtig oder »richtiger« ist, sondern um die Suche nach einer Antwort auf die Frage: Welche bewährten Strategien und welche Erfahrungen können dabei helfen, eine anstehende Herausforderung im Kontext der Intensivkooperation angemessen zu gestalten?

Konstruieren Sie gemeinsam, was Sie im Schnittstellenbereich wie und warum tun wollen.

Achten Sie gemeinsam darauf, dass die Planungen den inhaltlichen Vorstellungen und praktischen Abläufen in den einzelnen Einrichtungen nicht widersprechen.

Vereinbaren Sie, dass Sie auch zwischendurch den Verlauf Ihrer gemeinsamen Arbeit reflektieren, und legen Sie dafür vorausschauend Termine fest.

- Auswahl eines Arbeitsinhalts im Rahmen der Intensivkooperation
- Austausch im Kooperationsteam zur Erkundung von Erfahrungen, Kompetenzen und bewährten Strategien pädagogischer Praxis
- Gestaltung des gewählten gemeinsamen Arbeitsinhalts entwickeln
- Festlegung eines Termins für ein Reflexionstreffen, um den bisherigen Verlauf vereinbarter Vorhaben zu besprechen und ggf. nachzubessern

Kooperation – Anerkennung

Die jeweils beteiligten Institutionen haben ein Recht auf die Anerkennung ihrer Individualität und der gewachsenen institutionellen Traditionen

Empfehlungen für die Praxis

  Überlegen Sie in Ihrem Team, ob bzw. auf welche Weise Ihre bisherige Arbeit organisatorisch oder inhaltlich ggf. neu zu gestalten ist, um das vereinbarte kooperative Vorgehen gut anbinden zu können.

- Passung zwischen vereinbarten Kooperationsaktivitäten und organisatorischen wie inhaltlichen Maßgaben in der eigenen Institution diskutieren und ermöglichen

  *Nehmen Sie in für Sie passenden Abständen folgende Reflexionsfrage in Ihre Teambesprechungen auf:*

Sind wir zufrieden mit unserer Zusammenarbeit und damit, wie wir miteinander umgehen?

- Prozessbegleitende metaperspektivische Reflexion im Kooperationsteam über die Einschätzung der Zufriedenheit mit der Gestaltung der Zusammenarbeit

Eigene Notizen

_____

_____

_____

_____

_____

Thema 5

Kooperation – Kompatibilität

Die Kooperationsarbeit steht in Wechselbeziehung mit den Bedingungen, Aufträgen, Zielen und rechtlichen Vorgaben der Systeme Schule und Kindergarten

Schlüsselfragen

? **Was hat, im übergeordneten Sinn, Einfluss auf die Gestaltung von Kooperation?**

Wo brauchen wir Kompatibilität zwischen Kindergarten und Grundschule?

Empfehlungen für die Praxis

1  *Eröffnen Sie in Ihrer Institution den Mitarbeitern und Mitarbeiterinnen die Möglichkeit, im jeweils anderen System zu hospitieren.*

 ● Professionelle Logik des Praxisfelds der Kooperationspartner einschätzen und verstehen lernen

2  *Erlauben Sie Kooperationspartnern aus dem jeweils anderen System, in Ihrer Institution zu hospitieren.*

 ● Annäherung der Kooperationspartner an das eigene Praxisfeld
● Transparenz schaffen zwischen den Kooperationspartnern bzgl. der Alltagsrealität und der professionellen Herausforderungen in den beteiligten Institutionen

3  Schauen Sie sich die »Stolpersteine« der Kooperationspraxis genau an: Entstehen sie aus der Tatsache heraus, dass Schule Schule ist und Kindergarten Kindergarten? Oder resultieren sie aus dem beeinflussbaren Handeln der einzelnen Akteure?

Benennen Sie die Stolpersteine im Kooperationsteam genau, und fragen Sie, welche Möglichkeiten es gibt, sie aus dem Weg zu räumen oder sie zu umgehen. Stellen Sie fest, mit welchen Stolpersteinen Sie im Kontext der Kooperationsarbeit realistischerweise »einfach leben müssen«. Tun Sie das, und nehmen Sie das Gelingende in den Blick. Reflektieren Sie regelmäßig den Erfolg und die Nachhaltigkeit Ihrer Bemühungen, mit Stolpersteinen umzugehen. Legen Sie verbindliche Termine dafür fest.

 ● »Stolpersteine« der Kooperationspraxis benennen, deren Vermeidbarkeit bzw. Unvermeidbarkeit diskutieren und einschätzen
● Abhilfe für vermeidbare »Stolpersteine« finden und den Umgang mit dem Unvermeidbaren gestalten
● Festlegung von Terminen für Reflexionstreffen zum Umgang mit »Stolpersteinen« im Ablauf der Kooperationspraxis

Kooperation – Verantwortung

Kooperation ist eine Dimension im Berufsalltag der Lehr- und Fachkräfte, die einer Neudefinition von Verantwortung für Leitung, Team und einzelne Beteiligte bedarf

Schlüsselfragen

Was bedeutet es für die Leitung, das Gesamtteam, die Kleinstteams bzw. Tandems und für die einzelne Lehr- oder Fachkraft, Verantwortung für die Intensivkooperation zwischen Grundschule und Kindergarten zu übernehmen?

Empfehlungen für die Praxis

1 *Erstellen Sie ein Organigramm für Ihren Kooperationsverbund.*

- Gemeinsam einen Überblick gewinnen und Funktionsebenen benennen

2 *Benennen Sie für jede Ebene Aufgaben und Verantwortlichkeiten, und halten Sie die Ergebnisse im Organigramm fest.*

(Aktualisieren Sie das Organigramm ggf. im Verlauf des Kooperationsprozesses.)

- Transparenz schaffen zwischen den Kooperationspartnern bzgl. der Rechte und Pflichten einzelner Personen bzw. spezieller Gruppen im Kooperationsteam
- Klärung von Aufgaben, Verantwortlichkeiten und Ansprechpartnern auf allen Ebenen
- Personenunabhängige Zuordnung von Aufgaben und Verantwortlichkeiten
- Übersetzung und Darstellung der Ergebnisse aus den Punkten 1 und 2 in eine für alle Teammitglieder stimmige und annehmbare Darstellung

3 *Vereinbaren Sie begleitend zur Kooperationsarbeit regelmäßige Reflexionstreffen, in denen überprüft wird, ob sich die Definitionen von Aufgaben und Verantwortlichkeiten in der Alltagspraxis bewähren, ob Aufgaben unberücksichtigt blieben oder ob Veränderungen vorgenommen werden müssen.*

- Regelmäßige Reflexion über und Aktualisierung von Aufgaben und Verantwortlichkeiten
- Festlegung von Terminen für Reflexionstreffen zum Umgang mit Aufgaben und Verantwortlichkeiten

Kooperation – Gestaltung

Thema 7

Durch die Intensivkooperation entsteht eine Schnittstelle gemeinsamer professioneller Arbeit, die sich durch spezifische fachliche Ansprüche, Gestaltungsformen und Rituale erst konstituiert

Schlüsselfragen

 Welche Aspekte machen den Kooperationsbereich in unserem praktischen Alltag zu einer Schnittstelle gemeinsamer professioneller Arbeit?

Empfehlungen für die Praxis

1  In Kindergarten und Schule sind Routinen und Rituale vor allem an Inhalte und an Zeiten wie z. B. das Kindergarten- und das Schuljahr gebunden. Übertragen Sie dies auf den Schnittstellenbereich, der durch Kooperation entsteht.

Benennen Sie im Team Ihre inhaltlichen Schwerpunkte im Kontext der Intensivkooperation, z. B. »gegenseitige Besuche der Kinder«, »gemeinsame Projekte mit Kindern«, »Zusammenarbeit mit Eltern in gemeinsamer Verantwortung«, …

- Setzen von Schwerpunkten bei der inhaltlichen Arbeit im Kooperationsteam

2  *Überlegen Sie für jeden Schwerpunkt, welche Zeit im Schul- und im Kindergartenjahr für dessen Verwirklichung sinnvoll ist.*

Überlegen Sie, was wie häufig nach welchem Prozedere und mit welchen Beteiligten stattfinden soll.

- Zeitliche Verortung der inhaltlichen Schwerpunkte aus Punkt 1
- Format- und Ablaufplanung der inhaltlichen Schwerpunkte zur Umsetzung in die Alltagspraxis

3  *Tragen Sie Ihre Vorhaben in einen »vorläufigen Kooperationskalender« (Jahreskalender) ein. Diskutieren Sie im Kooperationsteam, ob Sie die Planung für leistbar halten. Streichen Sie ggf. anschließend Vorhaben, und begründen Sie die Streichungen gemeinsam.*

- Zeitlichen Überblick gewinnen und langfristige Planbarkeit für alle beteiligten Institutionen herstellen
- Abgleich zwischen Kooperationsvorhaben und Leistbarkeit auf der Ebene des Kooperationsverbunds

Kooperation – Gestaltung

Durch die Intensivkooperation entsteht eine Schnittstelle gemeinsamer professioneller Arbeit, die sich durch spezifische fachliche Ansprüche, Gestaltungsformen und Rituale erst konstituiert

Empfehlungen für die Praxis

4

Gleichen Sie den »vorläufigen Kooperationskalender« im Team der eigenen Institution mit den Erfordernissen, Abläufen und Ritualen im Jahreslauf Ihrer Einrichtung ab. Passt das?

Können Sie Ihre Einschätzung zur Leistbarkeit aufrechterhalten?

Können Sie vorausschauend Maßnahmen planen, um die Leistbarkeit zu gewährleisten?

● Abgleich zwischen Kooperationsvorhaben und Leistbarkeit auf der Ebene der jeweils eigenen Institution

5

Machen Sie sich entsprechend Ihren jeweiligen Verantwortlichkeiten an die inhaltliche Ausgestaltung Ihrer Vorhaben. Viel Spaß!

Verändern oder bestätigen Sie gemeinsam den Kooperationskalender.

Verabreden Sie einen festen Zeitpunkt, an dem Sie seine Umsetzung reflektieren und an dem Ihnen genug Zeit bleibt, die Erfahrungen in die nächste Jahresplanung einzubeziehen.

(Aktualisieren Sie den Kooperationskalender jährlich.)

● Erstellung eines verbindlichen Kooperationskalenders für ein Jahr
● Festlegung eines Termins für ein Reflexionstreffen
  1. zur Frage nach Erfahrungen der gemeinsamen inhaltlichen Arbeit
  2. zur Frage nach der Praktikabilität/Leistbarkeit
  3. zur Frage nach notwendigen Veränderungen des Kooperationskalender

Kooperation – Umfeld

Die Kooperationsarbeit steht in Wechselbeziehung mit dem Umfeld der beteiligten Institutionen: Eltern, Trägern, weiteren Mitverantwortlichen und regionalen Akteuren

Schlüsselfragen

Wo und bei wem muss um Akzeptanz und Unterstützung für die Kooperationsarbeit geworben werden?

Empfehlungen für die Praxis

Reflektieren Sie, wer für Ihre Einrichtung als Unterstützer wichtig war und wichtig sein wird.

Wessen Akzeptanz gegenüber den Kooperationsbestrebungen ist für Sie unverzichtbar?

Wen würden Sie gern neu dazugewinnen?

Schreiben Sie Ihre potenziellen Unterstützer auf jeweils eine Karte, die als aus Ihrer Einrichtung kommend gekennzeichnet ist.

- Unterstützung wahrnehmen und neue Unterstützer suchen

Stellen Sie einander im Kooperationsteam Ihre jeweiligen »Unterstützerkarten« vor, und begründen Sie Ihre Auswahl an aktuellen und erwünschten Unterstützern.

Sichten Sie die Unterstützerkarten, und sortieren Sie sie nach Zielgruppen. Zeichnen Sie eine Skizze Ihres Unterstützungssystems.

(Aktualisieren Sie die Skizze Ihres Unterstützungssystems ggf. im Verlauf des Kooperationsprozesses.)

- Transparenz schaffen zwischen den Kooperationspartnern im Hinblick auf Unterstützungspotenziale bzw. potenzielle Unterstützer für die Kooperationsarbeit
- Übersetzung der Ergebnisse aus Punkt 2 in einen für alle Teammitglieder stimmigen Überblick

Thema 8

Kooperation – Umfeld

Die Kooperationsarbeit steht in Wechselbeziehung mit dem Umfeld der beteiligten Institutionen: Eltern, Trägern, weiteren Mitverantwortlichen und regionalen Akteuren

Empfehlungen für die Praxis

Sammeln Sie Ideen: Auf welche Weise kann bei welcher Zielgruppe um Akzeptanz und Unterstützung geworben werden? Welche Form der Außendarstellung würde dazu beitragen?

Wählen Sie gemeinsam Erfolg versprechende Schritte aus, Ihre Ideen umzusetzen, und vereinbaren Sie, wer was wann konkret zur Umsetzung beiträgt.

- Unterstützung und Unterstützer für die Kooperationsarbeit gewinnen
- Formen der Außendarstellung und Öffentlichkeitsarbeit diskutieren

Dokumentieren Sie Ihre Bemühungen um Unterstützung, und aktualisieren Sie die Skizze Ihres Unterstützungssystems. Veröffentlichen Sie die Ergebnisse auf eine für Ihren Kooperationsverbund angemessene Weise.

- Unterstützung und Unterstützer der Kooperationsarbeit öffentlich würdigen

Eigene Notizen

_____

_____

_____

Kooperation – Komplexität

Thema 9

Kooperation ist ein komplexer, von vielen Seiten beeinflusster Prozess, der nicht aufhört, sich auf dem Kontinuum zwischen Gelingen und Misslingen zu bewegen

Schlüsselfragen

?

Wie lässt sich die Dynamik des Kooperationsprozesses überschauen?

Wie können wir destruktive Einflüsse ausmachen und Veränderungsimpulse setzen?

Empfehlungen für die Praxis

1

Reflektieren Sie: Woran erkennen Sie das Gelingen Ihrer Kooperationsbemühungen?

Formulieren Sie Ihre Indikatoren für Gelingen.

 • Erfahrungen mit der Kooperationsarbeit auswerten, Indikatoren für ihr Gelingen herausarbeiten

2

Erstellen Sie einen Einschätzbogen, basierend auf Ihren Gelingensindikatoren. Auf diesem Bogen wird für jeden Indikator ein Kontinuum zwischen »gelingt« und »misslingt« abgebildet. Als Orientierung können Ihnen die Ausschnitte aus dem Einschätzbogen zum Bildungshausprojekt (S. 58 im Buch) dienen.

 • Entwicklung eines auf Ihre spezielle Kooperationsarbeit ausgerichteten Einschätzbogens zur Erkundung der Bereiche, die gelingen bzw. die der Verbesserung bedürfen

3

Bearbeiten Sie im Kooperationsteam den auf Ihr Netzwerk zugeschnittenen Einschätzbogen, und werten Sie ihn gemeinsam aus.

Reflektieren und diskutieren Sie notwendige weitere Schritte, um Ihr Kooperationsbündnis weiterzuentwickeln oder ggf. Veränderungsimpulse zu setzen.

 • Impulse setzen für die Qualitätsentwicklung und -sicherung Ihrer Intensivkooperation

Kooperation – Nutzen

Kooperation soll den Kindern, deren Familien sowie den Lehr- und Fachkräften nützen und dabei helfen, pädagogische Qualität fortzuentwickeln

Schlüsselfragen

Erhöht sich die pädagogische Qualität für Kinder, Eltern sowie Lehr- und Fachkräfte, wenn Kindergarten und Schule intensiv kooperieren?

Woran erkennen wir diesen Nutzen?

Empfehlungen für die Praxis

 1

Sammeln Sie Indizien dafür, dass sich die Mühe der Kooperation lohnt, z. B. in einem für alle erreichbaren Notizbuch.

Berücksichtigen Sie dabei sowohl die Ebene der Kinder als auch die der Eltern und der Lehr- und Fachkräfte. Solche Indizien können z. B. sein: Äußerungen von Kindern oder Teammitgliedern, kleine Erlebnisse, gute interprofessionelle Erfahrungen, Rückmeldungen von Eltern oder anderen wichtigen Personen.

- Neben Anstrengung und Aufwand im Alltag das Positive im Blick behalten
- Erfahrungen zum Nutzen von Intensivkooperation zwischen Kindergarten und Grundschule über die Zeit festhalten

2

Nehmen Sie in für Sie passenden Abständen folgende Reflexionsfragen in Ihre Teambesprechungen auf:
- *Nützt unsere Kooperationsarbeit den Kindern? Woran machen wir das fest? Woran wird das für uns sichtbar?*
- *Nützt unsere Kooperationsarbeit den Eltern/Familien der Kinder? Was, glauben wir, spricht dafür?*
- *Welchen Mehrwert bringt die intensive Kooperationsarbeit für die Fachkräfte mit sich?*
- *Was bereichert mich persönlich in meiner Rolle als professionelle Pädagogin? Was ist der Gewinn im Vergleich mit einer Praxis ohne intensive Kooperation?*

- Regelmäßige begleitende Reflexion im Kooperationsteam über die Einschätzung des Nutzens der Intensivkooperation
- Transparenz schaffen zwischen den Kooperationspartnern in Bezug auf Erfahrungen, Zweifel und ggf. Unbehagen zum Kooperationsverlauf sowie in Bezug auf jeweils aktuelle persönliche Einschätzungen Einzelner oder von Teilgruppen
- Sich gegenseitig ermutigen
- Eine Plattform schaffen für das Äußern von Unbehagen und für eine mögliche gemeinsame Lösungssuche

Querschnittsthemenblätter A, B, C

Querschnittsthemen	Inhaltliche Orientierung
Querschnittsthema A: Transparenz schaffen	Kooperierende müssen sich offen auf den Dialog und die Verständigung mit dem Kooperationspartner einlassen. Der Kooperationspartner aber ist gleichzeitig gefordert, Einblick in die eigene Perspektive und Lage zu gewähren.
Querschnittsthema B: Begleitende Überprüfung und Reflexion von Inhalten und Verläufen der Zusammenarbeit	Die pädagogische Arbeit innerhalb eines multiprofessionellen Kooperationsteams abzustimmen ist ein Konstruktionsprozess. Zu ihm gehört es, – die Zufriedenheit mit den entwickelten Kooperationsformen und dem Klima des Miteinanders zu reflektieren, – zu bestätigen, wenn eingesetzte Gestaltungslösungen sich bewährt haben, oder im Austausch aufzudecken, wo Nachbesserungen erforderlich sind.
Querschnittsthema C: Abbildung von Kernergebnissen und deren prozessbegleitende Aktualisierung	Kooperierende Teams dokumentieren Arbeitsschritte und Ergebnisse, an denen sie sich orientieren und ihre pädagogische Arbeit ausrichten können. Gemeinsam vereinbarte Eckpunkte werden zusammengefasst, festgehalten und dienen als »Wegweiser«. Die Dokumentation verhilft zu Nachvollziehbarkeit und Klarheit.

Kooperierende müssen sich offen auf den Dialog und die Verständigung mit dem Kooperationspartner einlassen. Der Kooperationspartner aber ist gleichzeitig gefordert, Einblick in die eigene Perspektive und Lage zu gewähren.

Transparenz schaffen in Bezug auf …

1	die Vorstellungen und die Bereitschaft der einzelnen Teams zu einer intensiven Zusammenarbeit als Basis der Annäherung im Kooperationsverbund (Themenblatt 1)
2	charakteristische und für die Intensivkooperation bedeutsame/einflussreiche Rahmenbedingungen und Voraussetzungen in einzelnen Institutionen (Themenblatt 2)
3	die Ansprüche und Ziele im Rahmen intensiver Kooperation, für die in den jeweiligen Teams Konsens besteht (Themenblatt 3)
4	die Alltagsrealität und professionellen Herausforderungen in den beteiligten Institutionen (Themenblatt 5)
5	die Rechte und Pflichten einzelner Personen bzw. spezieller Gruppen im Kooperationsteam auf allen Funktionsebenen (Themenblatt 6)
6	die Unterstützungspotenziale bzw. potenziellen Unterstützer für die Kooperationsarbeit (Themenblatt 8)
7	Erfahrungen, Zweifel, Unbehagen zum Kooperationsverlauf und jeweils aktuelle persönliche Einschätzungen (Themenblatt 10)

Querschnittsthemenblatt B

Begleitende Überprüfung und Reflexion von Inhalten und Verläufen der Zusammenarbeit

Die pädagogische Arbeit innerhalb eines multiprofessionellen Kooperationsteams abzustimmen ist ein Konstruktionsprozess. Zu ihm gehört es,

- die Zufriedenheit mit den entwickelten Kooperationsformen und dem Klima des Miteinanders zu reflektieren,
- zu bestätigen, wenn eingesetzte Gestaltungslösungen sich bewährt haben, oder im Austausch aufzudecken, wo Nachbesserungen erforderlich sind.

Begleitende Überprüfung und Reflexion von Inhalten und Verläufen der Zusammenarbeit in Bezug auf …

1	den Verlauf der Annäherungsphase (Themenblatt 1)
2	die Einschätzung der Zufriedenheit mit der Gestaltung der Zusammenarbeit und mit dem Klima des Miteinanders (Themenblatt 4)
3	den Umgang mit »Stolpersteinen« im Ablauf der Kooperationspraxis (Themenblatt 5)
4	den Umgang mit Aufgaben und Verantwortlichkeiten (Themenblatt 6)
5	die Praktikabilität/Leistbarkeit bzw. den Veränderungsbedarf des Kooperationskalenders (Themenblatt 7)
6	das Gelingen der vereinbarten Vorhaben (Themenblatt 9)
7	die Einschätzung des Nutzens von Intensivkooperation (Themenblatt 10)

Querschnittsthemenblatt C
Abbildung von Kernergebnissen und deren prozessbegleitende Aktualisierung

Kooperierende Teams dokumentieren Arbeitsschritte und Ergebnisse, an denen sie sich orientieren und ihre pädagogische Arbeit ausrichten können. Gemeinsam vereinbarte Eckpunkte werden zusammengefasst, festgehalten und dienen als »Wegweiser«. Die Dokumentation verhilft zu Nachvollziehbarkeit und Klarheit.

Abbildung von Kernergebnissen in Bezug auf …

1	den »Steckbrief« der eigenen Institution bzgl. charakteristischer und für die Intensivkooperation bedeutsamer/einflussreicher Rahmenbedingungen (Themenblatt 2)
2	die Gesamtskizze Ihres institutionellen Netzwerkes inklusive charakteristischer und für die Intensivkooperation bedeutsamer/einflussreicher Rahmenbedingungen (Themenblatt 2)
3	eine Abbildung, die den »gemeinsamen Nenner« der Ansprüche und Ziele des Netzwerkes zusammenfasst (Themenblatt 3)
4	eine Abbildung, die eine für alle Teammitglieder stimmige Darstellung von Aufgaben und Verantwortlichkeiten im Kooperationsnetzwerk erfasst (Themenblatt 6)
5	die Erstellung eines verbindlichen Kooperationskalenders für ein Jahr (Themenblatt 7)
6	die Skizze eines für alle Teammitglieder stimmigen und annehmbaren Überblicks über das Unterstützungssystem, bezogen auf das gesamte Kooperationsbündnis (Themenblatt 8)
7	die Entwicklung eines auf Ihre spezielle Kooperationsarbeit ausgerichteten Einschätzbogens zur Erkundung des Gelingens bzw. der Bereiche, die der Verbesserung bedürfen (Themenblatt 9)
8	die Notizen zu den Erfahrungen mit intensiver Kooperation (Themenblatt 10)